大学生の時間管理ワークブック

ADHD タイプや発達障害グレーゾーンでも大丈夫！
効率重視でやる気が出る失敗しないマネジメント術

著

中島美鈴、若杉美樹、渡辺慶一郎

星和書店

本文デザイン：林利香
イラスト：高嶋良枝

はじめに

　この本は、大学生の皆さんと、もうすぐ大学生になる皆さんが、「時間を効果的に使って、自分の望む人生を歩む」ために作られました。

　時間ほど世界中の人に平等に与えられているものはありません。しかし多くの人は「時間に追い立てられて縛られている」と感じ、時間の奴隷になっています。例えば、試験に向けて計画的に勉強しようと思いながらも、ついついネットサーフィンやゲーム、SNSなどに夢中になって時間を溶かしてしまったり、日頃はしないのになぜだかデスク周りの片づけを始めてしまったり、ボランティアがしたい！　など試験前以外の時期には興味もないようなことをしようとしてしまったり……そして試験前日に泣きを見るなんてことはありませんか？　これは先延ばしという世界共通に見られる時間管理の困り事です。先延ばしにしがちな事柄で多いのは、勉強だけでなく、部屋の掃除、不要物の処分、面倒な手続きなどがあります。先延ばしなどひとつもせずに、いつもてきぱきこなせるとしたら、どんなに気持ちがすっきりして穏やかでいられるでしょう。

　時間管理のできない例は、他にもあります。これまで授業やアルバイト、友達との待ち合わせなどにいつもギリギリか数分遅れだった方はいませんか。遅刻まではしなくとも、あと数分でも早起きできたら、もう少し余裕のある人生が送れるのにと思ったことは誰しもあるでしょう。時間の余裕は心の余裕ですね。あと数分の余裕があれば、納得できるまで身支度できて自信を持つことができますし、授業やアルバイトの前に「今日の計画」を頭の中で組み立てることもできますし、人と会う前にその人との話題を考えることもできます。

　いかがでしょう。時間を管理することで皆さんの大学生活とその後の人生が、余裕のある素晴らしいものになるのです。本書の著者は、大学で実際に大学生の悩みの相談にあたってきた臨床心理士や精神科医です。特に私たちは発達障害を専門に支援しています。発達障害と診断を受けた人だ

3

けでなく、その傾向がある方は時間管理につまずきやすいようです。私たちはこれまでの認知行動療法や発達障害や時間管理の研究の知見を用いながら、大学生が入学直後から卒業までのつまずきやすい場面をピックアップして対処法をまとめました。朝起きて授業に間に合うように準備すること、レポート課題が出たら提出期限を忘れないように管理すること、帰宅してへとへとな中どのようにして宿題やレポート課題に取り組むか、進路決定の仕方や就職活動の進め方などです。現在大学生の皆さんは、自分が苦手だなあと思う場面から取り組んでみてください。もうすぐ大学生になる皆さんは、「大学生活ってこんな感じなんだ」とイメージしながら、予習のつもりで現在の生活の中で実行可能な範囲で取り組んでみてください。

　この本では、皆さんに「時間王国の王様」になってもらいます。時間を味方につけて、夢を叶えてください。

本書の使い方

　この本では、主に認知行動療法や発達障害、時間管理に関する研究の知見をもとに、さまざまな時間管理スキルを学んでいきます。

　使い方は2通りあります。

● どこから読む？──2通りの読み方

1. 第1章から順に進める方法：難易度の低いものから順に体系的に時間管理スキルを身につけることができます。
2. 目次から「今、時間管理で困っている場面」を選んで、その章から始める方法：短時間で効果的に学べます。

● ひとりで／誰かと一緒に

　個人で読みながら進めてもよいですし、数人で一緒に行ってもよいでしょう。セラピストのいる方はこの本で学んだことを実践するのを手伝ってもらうのもよいでしょう。

● 読んで実践しよう

　本書をただ読むだけでも、ずいぶん時間管理のコツがつかめるでしょう。頭で「なるほど」と納得できると、自然と毎日が変わっていくということがあるからです。とはいえ、「分かっちゃいるけど、できないんだよね」という方は、ぜひ「なるほど」と思ったことを、「自分ならこうする、こうしようかな」と具体的に考えて、行動してほしいと思います。そうすることで、時間管理スキルが身についていきます。「知っていること、分かっていること」と、「実際にできること」には大きな差があるものなのです。

　多くの大学生が「やる気になれば早起きだってできる」「いざとなればレポートなんて1時間で終わる」「いつかやる気が自然と出てくる時まで

待ってるんだ」と口にします。でも実際は、二度寝してしまって早起きに失敗したり、レポートが仕上がらなくて大学に行くのをやめてしまったり、やる気が出ないまま就職活動を開始できなかったりする人もいるのです。こんなとき、できない自分に愕然としてしまうかもしれません。でも現時点での自分を責めずに「そうか。6時に早起きするっていうのは自分には高いハードルだったけれど、今より30分でも早く起きる（つまり昼12時に起きていたけれども11時半に起きる）のだって進歩だ。そこからチャレンジしよう」と思えたらいいですね。自分ができることから、少しずつ進めていきましょう。

● **指導者（セラピスト）の方へ**

　巻末付録として、大学内もしくはクリニックなどで大学生のための時間管理グループを実施される指導者（セラピスト）向けのガイドをつけました。指導や支援の際に、配慮すべき点や効果的な関わりについてまとめましたので、ぜひお読みください。

プログラム概要

章	介入場面	時間管理に関する技法
1	朝起きて 学校へ行くまで	朝準備のタイムログに基づく計画立て、忘れ物をしない工夫としての整理整頓、良い睡眠の確保
2	授業の受け方	授業での集中の仕方、ノートの取り方、レポート課題が出たときの締め切りや課題内容の To-Do リストの作成、時間管理ツールの導入、時間管理タイムの設定
3	バイトもサークルも 勉強も……	優先順位づけ、すきま時間の活用、アサーション
4	帰宅後	環境調整、夕方のルーティン、自己報酬マネジメント、注意持続訓練
5	試験勉強編	試験勉強の計画立て、効果的な休憩の取り方
6	レポート編	制限期間内に終わる方法を決める（問題解決技法）、ひとりよがり注意報、ゴールデンタイムの活用
7	就職活動や進路に 関すること	就職活動や進路が決められない原因、先延ばしの克服

目　次

第**1**章

朝起きて学校へ行くまで

▼ 時間管理に関する技法 ▼

- 朝準備のタイムログに基づく計画立て
- 忘れ物をしない工夫としての整理整頓
- 良い睡眠の確保

① 朝起きて学校へ行くまでバタバタするのはなぜか？

　大学生にとって、朝起きて学校に行くのはなかなかの試練です。1限に遅刻したり欠席したりして、単位が取れずに困ってしまう人もいます。まずは「どうしてバタバタしてしまうのか（さらには遅刻してしまうのか）」について以下の4つのプロセスに分けて見てみましょう。

　どのプロセスでつまずいているかによって、その下に書かれている対策が異なります。この章では、それぞれの対策も紹介します。

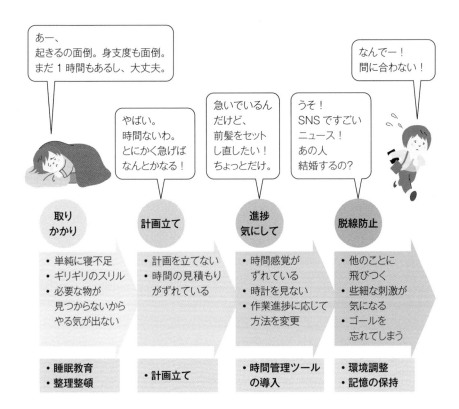

実行機能モデル（Zelazoら, 1997）でプロセスを分析

② 朝準備のタイムログに基づく計画立て

計画立て

　朝起きてから家を出るまでに、自分が「何に」「どのぐらい」時間をかけているか知っていますか？　いわゆるモーニングルーティンというものです。

ヒナタさんの朝準備（理想のプラン：プランA）

朝準備項目	
時間	予定
7:30	□ 着替え □ トイレ □ 顔を洗う
7:40	□ お湯を沸かす　□ ごはんを電子レンジでチン
7:50	□ 味噌汁　□ 納豆 □ 朝食を食べる
8:00	
8:10	
8:20	□ メイク □ 片づけ □ 歯磨き
8:30	出発！

理想は
こんな感じです。
でも実際には
8 時に起きて
います……。

13

最低限プランを持っておく安心感

　ヒナタさんは、とにかく1分でも長く寝ていたい派です。ついつい二度寝、三度寝を繰り返してしまいます。いつもより30分遅く起きてしまう日もたびたびあります。そんな日のために、「最低限プラン」（最低限できればよいことにしぼったプラン）を考えてもらいました。寝坊した日の頭はパニックで、正直に言えば効率よくなんて動けていないのですが、この「最低限プラン」を立ててからは、少し落ち着いて朝の準備ができました。ポイントは、「朝ごはん」をあきらめて、大学で手軽に食べられるものを購入することでした。

プランC（最低限）　　☐ ウィダー in ゼリー（大学で買う）

朝準備項目	
時間	**予定**
8:00	☐ 着替え
	☐ トイレ
8:10	☐ 顔を洗う
	☐ トマトジュースを飲む
	☐ メイク
8:20	☐ 片づけ
	☐ 歯磨き
8:30	出発！

ま、まあ、
これが
現実的ですね。
起きて 8:30 なら
このプランで
いきます。

その間のプランがあってもいい

　理想のプラン（A）と最低限プラン（C）はできました。両極端なプランの間に、手軽な朝ごはんを食べるプラン（B）があってもいいかもしれません。ヒナタさんは起きる時間が15分早い場合なら、フルーツグラノーラを食べるぐらいの簡単な朝食がとれそうだと思いました。これだけプランがあれば、起きる時間に応じて慌てずに動けそうですね。

プランB（もっとお手軽朝ごはんプラン）

朝準備項目	
時間	予定
7:45	□ 着替え
	□ トイレ
	□ 顔を洗う
8:00	□ フルーツグラノーラを食べる
8:10	
	□ メイク
8:20	□ 片づけ
	□ 歯磨き
8:30	出発！

少しでいいから
朝ごはんを
食べたいかなって
ときは
このプランに
します。

朝準備プランを作成するために

　ここまで、朝準備のプランについて見てきましたが、いかがでしたか？

　朝準備プラン作成のポイントをまとめておきますので、参考にしてあなたの朝準備プランを立ててみましょう（p.18 〜 21 にワークがあります）。

朝準備プラン作成のポイント

1. 起きる時間は、早くしないで、現状のまま！
2. 理想「何分で済めばいいな」ではなく、実測「何分かかるのか」で計画する
3. 他の時間帯に回せないか？
4. 他の人に頼めないか？
5. それしないと人生が終わるほどか？
6. 「朝ごはんが 7:30 スタートなら OK」のような定点を持つ

星占いコーナーの時間には
ごはんを食べ終わると間に合うの！

事例　朝起きることができず単位を落としたAさん

　Aさん（仮名・架空の人物）は、典型的な大学生です。早起きは昔から苦手であり、大学入学を機に一人暮らしが始まると、ますます朝起きることに苦労しています。スマホのアラームをかけて寝るのですが、眠くてしょうがなくてついついスヌーズ機能に手が伸びて「あと10分」「あと10分」と二度寝、三度寝してしまいます。布団にくるまって「大丈夫。シャワーを浴びるのをあきらめて、何も食べずに家を出るとして、本気を出せば10分で出られる」と自分に言い聞かせます。1限目の授業に間に合うギリギリに起きて、慌てて洋服に着替えて家の外に出ると、「あっ、自転車の鍵がない！」——家に戻って玄関、テーブル、昨日身に着けた服のポケットやかばんの中を急いで探しましたが見つかりません。ようやく見つかったのは、10分後でした。これでは授業に遅刻決定です。講義室の前方入り口から先生や同級生たちに白い目で見られながら入ることを思うと気持ちが萎え、「どうせ間に合わないんなら、もういいや」と、ふて寝しました。そのまま2限目も休みました。昼過ぎに目が覚めたとき、「今から出たら3限目から出られるけれど、シャワーも浴びていないし、髪もぐしゃぐしゃだし、もういい」と現実逃避するようにまた布団に丸まってしまいました。

　こうしてAさんは単位がほとんど取れずに、1年生の前期を終えることになりました。

　朝からつまずくと、その後一気につまずく様子がお分かりいただけたかと思います。このような悪循環に陥らないために、朝準備のスキルを身につけましょう。

　Aさんに言えることは、「1限が遅刻でも、あきらめずに出席しよう」「1限目に間に合わなくてもそれで丸一日をダメにしてしまったという考えは極端すぎる」「シャワーはできれば夜のうちに済ませておこう」「最悪シャワーを浴びなくても人生は終わらない」。

　朝の眠気、テンションの上がらなさは、根性だけでは克服が難しいものです。あなたも朝準備プランを立ててみましょう。

あなたの朝準備プランを 組み立てよう

　あなたの朝準備プランを立ててみましょう。

　何時に起きて、何時に家を出ていますか？　その間にしていることのタイムログを大雑把でいいので取ってみましょう。着替えや洗顔やヘアセットにメイクやひげそりなどをまとめて「身じたく」としてだいたい何分かかっているでしょう。朝お風呂に入る人はそれも測りましょう。朝ごはんの準備、食べる、片づけを含めて「朝ごはん」として計測してみましょう。そして、遅刻しなければOK！　でギリギリ身一つで学校に着くだけの「最低限プラン」から組み立てていきましょう。

最低限プラン

朝準備項目	
時間	**予定**
：	
：	
：	
：	
：	
：	
：	
：	
：	
：	
：	
：	
：	

（　　　　　　　　　　　　　　　　　　）プラン

朝準備項目	
時間	予定
：	
：	
：	
：	
：	
：	
：	
：	
：	
：	
：	
：	
：	

（   ）プラン

朝準備項目	
時間	予定
：	
：	
：	
：	
：	
：	
：	
：	
：	
：	
：	
：	
：	

第1章　朝起きて学校へ行くまで

朝のルーティンが決まったら試したいアプリ 時間管理ツールの導入

　あなたの朝準備プランを実際に試してみましょう。でも、紙に書いた計画を見ながら準備するのは、なかなか面倒くさいものです。そこで、こんな無料アプリを紹介します。「ルーチンタイマー」というアプリで、あらかじめ自分が設定した活動内容と所要時間に合わせて「今から5分間、着替えを始めてください」のように呼びかけてくれます。ちょうど小さい頃に親から「早く着替えなさい」「早くごはん食べなさい」と言われていたときのように、アプリが優しく次の行動を教えてくれて便利です。脱線しがちな人も、これで「あ！ SNSをやっている場合じゃなかった。着替えなくちゃ」と我に返ることができます。

朝準備プランの最大のポイントは、1つの活動の所要時間を短くすることです。「10分」以内の活動に分けて、実行していきましょう。

　例えば、下の図に示したのは、「朝ごはん」に35分間かかる人の例です。この人は毎日動画を見ながらだらだら食べる癖があります。動画だけでなく友達にメールしたり、途中でゲームを始めたりして、気づけば35分間もかかっているのです。「脱線」プロセスでつまずいてしまう典型例ですね。この方には、「朝ごはん」を細分化してもらいました。ちょっとやりすぎかもしれませんが、一例としてご紹介します（この順、テンポで朝ごはんを食べるようにアプリで呼びかけてもらえるので、理想的なルーティンが出来上がっています）。

＜　　　編集　　　保存	
朝準備	
🔔 通知	合計 51 分 00 秒
◯ トイレ	3 分 00 秒
◯ 着替え	5 分 00 秒
◯ 朝ごはん	35 分 00 秒
◯ 歯磨き顔洗い	5 分 00 秒
◯ 上着を着る	1 分 00 秒
◯ 荷物を持って玄関へ行く	1 分 00 秒
◯ いってきます	1 分 00 秒

＜　　　編集　　　保存	
朝準備	
🔔 通知	合計 35 分 00 秒
◯ 朝ごはん 最初は味噌汁	0 分 30 秒
◯ おかずもひとくちどうぞ	0 分 30 秒
◯ ごはんもひとくち	0 分 30 秒
◯ またまた味噌汁	0 分 30 秒
◯ おかずをひとくち	0 分 30 秒
◯ ごはんをどうぞ	0 分 30 秒
◯ またまた味噌汁	0 分 30 秒
◯ ごはんと見せかけておかず	0 分 30 秒
◯ さあごはんをどうぞ	0 分 30 秒
◯ やはり米はうまいなあ	0 分 30 秒

＊左の「朝ごはん」を細分化した図。下に続きますが、以下の画面は割愛しています。

23

③ 忘れ物をしない工夫としての整理整頓

計画立て
記憶の保持

　遅れずに大学へ行くためには、朝必要な物（朝準備セット）がすぐに手に取れることが大切です。

　すぐに手に取るには、

　①見えている（見えないと存在を忘れる）

　②必要なものがまとまって1カ所にある

　という点が大切です。

セット例

- **着るものセット**：服、靴下、アクセサリー、腕時計
- **髪関連セット**：ブラシ、ドライヤー、ヘアワックス、髪飾り
- **洗顔セット**：洗顔フォーム、タオル、ヘアバンド、ひげそり
- **弁当セット**：弁当箱、はし、水筒
- **持っていくものセット**：スマホ、鍵、定期券、財布、スケジュール帳

起きるのが苦手——物の配置やごほうびで解決

皆さんは朝の布団の中でこんな葛藤がありませんか？

- 「今から着替えて、ごはんを食べるのは面倒」
- 「何を着ていくか考えるのが面倒」
- 「顔を洗うのがだるい」
- 「寒くて布団から出たくない」
- 「昨夜お風呂に入ってない。でも今からシャワーを浴びるのが面倒」

そんな自分に叱咤激励する以外にも方法があります。自分自身のコンシェルジュになるのです。つまり、上記のような葛藤を「自分のわがままだ」と捉えるのではなく、「VIPなお客様からの注文だ」と捉えて、おもてなしするかのようにお応えするのです。例えば、こんな感じです。

- →ぱっと食べられる朝ごはんがあれば満足して起きてくれるだろうか？
- →大好きなパンがあれば良い目覚めになるだろうか？
- →すでに着ていく服が用意されていれば負担なくご機嫌に起きてくれるだろうか？
- →泡立って出てくる洗顔フォームがあればもっとスムーズに起きられるだろうか？
- →エアコンONタイマーで寝れば、適温の室内で起きやすいだろうか？
- →それでも目が覚めないお客様には脱衣所で大音量の目覚まし時計を鳴らしてあげようか？
- →帰宅後すぐシャワーをおすすめすれば、朝起きる負担が少しでも減るだろうか？

こんなふうに、朝起きるときに困っている自分に少し親切にしながら、具体的な手立てを講じる方がよいと思いませんか。

　皆さんの部屋はきれいに片づいていますか？　そう聞かれて自信満々に「きれいです」と答えられる人の方が少ないかもしれません。そのくらい世の中には「部屋が片づけられない」と悩む人が多くいます。「いつでも気軽に人を呼べる家にしたい」とまではいかなくても、せめて「あれがない、これがないと探し物に追われるのをやめたい」と思いませんか。

　ここでご紹介する整理整頓の秘訣は、モデルルームのような美しい部屋を目指しているわけではありません。以下のような、生きていくのに必要な部屋を目指したものです。

- 必要な物が必要なときに取り出せて、物が失くならない部屋
- 帰宅してから寝るまでの間にくつろげるスペースがある部屋
- 足を伸ばして眠れる清潔なスペースがある部屋
- ゴミが溜まっていない部屋
- 郵便物が溜まっていない部屋

どうですか？　家を片づけるハードルが下がりましたか？
まずはこのラインを目指して、次のことを行いましょう。

- マイナンバーカード、免許証、健康保険証、パスポート、学生証、通帳、印鑑、年金手帳などの、失くすと再発行が大変なものを「貴重品」置き場に管理しましょう。きれいに並べる必要はありません。「貴重品はこの引き出し（ボックスなど）にすべて入っている」と分かっていることが大切です。使ったら例外なくここに戻します。どうしても不安な方は、すべてをクリアケースに入れたら、スマホで呼び出し音を鳴らせる失くし物防止タグ（「Tile（タイル）」など）を入れておきます。
- 玄関の鍵とスマホは毎日使う物です。毎日持ち運ぶものはバッグイン

バッグを利用してそこに入れっぱなしにしておくか（このとき、バッグインバッグはスマホ充電スペースに置くようにします）、玄関のすぐ近くに取り付けたフックにかけておくなど戻しやすい定位置を作ります。

- 帰宅後、あなたがくつろぐ場所はどこでしょう。そこに座って腕を伸ばしてコンパスのようにぐるりと体の周りを一周させてください。この範囲にある物を外側に押しのけてください。ほら、スペースができました。これで納得がいかなければ、片づけを始めましょう。最初から家中を片づけることに比べたらずいぶんスタートしやすいはずです。
- 寝るスペースも同様にします。ベッドや布団の上に物がのっていたら、周囲によけていきましょう。カバーが不潔だったら、なぜ洗濯しにくいのか考えてみましょう。ファスナーや紐の付け外しが面倒なら、パッドタイプのシーツに替えると洗うハードルが下がります。
- ゴミ出しの日を知っていますか。スマホにスケジュール設定してアラームで自分に教えましょう。何時にアラームが鳴れば、自分が家にいてゴミをまとめて無理なく出せそうですか？
- 郵便物やダイレクトメールを机の上に放置して溜め込まないようにします。郵便ポストは毎日チェックして、取り出したら、そのままゴミ箱の前に立ちましょう。チラシなどのいらない物はすぐに捨てます。日付と場所さえ分かればいらないプリントはその場でスケジュール帳に書き写して捨てます。払い込みや返信ハガキなど処理が必要なものは、いったんスケジュール帳に挟んでなるべく早く処理します。こうしてその都度、処理していくことをおすすめします。「1週間まとめてから開封しよう」と溜め込みだすと、重い腰を上げなければならず、やる気がわきません。

散らかった部屋は、無意識のうちに「ああ、自分はだらしない」「出来ていない」という自分を責める思考を生み、自尊心をすり減らします。

まずはこれらから取り組んでみましょう。

④ 良い睡眠の確保

　ヒナタさんは大学生になって初めて一人暮らしを始めました。毎日日付が変わる前には寝ようと布団に入るものの、だらだらといつまでも SNS や動画を見る「だらだらスマホ」が習慣になっていて、ついつい2時3時になってしまいます。大学の授業に間に合うには朝7時半には起きなければなりません。いつも眠くて仕方がありません。

　ヒナタさんのような経験はありませんか？
　ヒナタさんはなぜ良い睡眠を確保できないのでしょう。

だらだらスマホをやめるには（その1）

　わが国では 2010 年ごろからスマートフォンが普及してきました。私たち著者が行った大学生を対象にした時間管理の調査では、時間管理の悩みとして「スマホばかりしてしまって、しなくてはならないことを先延ばしにしてしまう」と多くの方が回答しました。中には、スマホ依存になってひきこもり、体を壊して、大学を退学する例もあります。ゲームも、動画も、ニュース記事も、基本的には「いかに続けてもらうか」を考え尽くされたコンテンツです。現実世界ではありえないヒーローやヒロインになれるような、あるいは素晴らしい空間に行けるような刺激がいっぱいです。現実より魅力的なので、やめられなくなりますよね。ですから、スマホをやめるブレーキをかけられない自分を責めるのではなく、負けを認めましょう。具体的には、「ああ、このゲームを 30 分間でやめられるわけがない。そう計画した私が浅はかだった」と言う代わりに、「それだけやめにくいものとこれから向き合っていくのだから、努力と根性だけではかなわないんだ。さらに特別な対策を講じなければ」と決意するのです。

　皆さんはスマホで何をしていますか。SNS、動画視聴、ゲーム、ニュース閲覧、チケット購入、メールなどなど、できることは無限にあります。もし皆さんが起きがけに布団の中でスマホを触っている最中にこう言われたらどうでしょうか。

「①スマホでネットショッピングとかしてるの？　ゲームしてるの？」
「②スマホで SNS とかライブとかで、誰かとつながってるの？」
「③なんか嫌なことがあって、現実逃避してるの？」
「④ぬくぬくと布団にいるのが好きなの？」

　このように、スマホをやっている理由を 4 択くらいで聞かれたら、どれを選びますか？　こうしてスマホにハマってしまう原因を分析することか

ら始めます。

　あるいは、次のような質問もヒントになるでしょう。

「逆に、寝る前スマホが０時間という日もあるの？」

　スマホ三昧（ざんまい）の日々の中にも、すごくやる日と全然やらない日などの波が
あれば、そこから大きなヒントが得られるのです。
「海外ドラマとか次々に出てきちゃってハマっちゃうんだよね。エンド
レスだよね」とか、「サークルのことで友達と意見がぶつかって妙にスト
レスが溜まった日に、別に用事はないんだけど、ずっとスマホを触ってる
な」とか、「平日、早く目覚めて『あー、授業行きたくない』と思いなが
らスマホをいじってるかな」といったように、スマホが増える要因につい
ても目を向けてみてください。
　一般的に人がある行動をし続ける理由は以下の４つに分けられるといわ
れています。

1.　**物や活動が得られる**：ゲームそのものが楽しい、買い物できる、など
2.　**社会的注目**：ゲーム仲間がいる、SNS、など
3.　**現実逃避**：ストレスや試験など嫌なことがあっても動画を見ていれ
　　ば忘れられる、など
4.　**体の感覚**：ぬくぬくとした布団の中が心地いい、など

　このようにある習慣がやめられない４つの理由に目を向けていくことを
「機能分析」といいます。これを見ていくと、やめたいはずのだらだらス
マホにも、ちゃんとやり続ける理由があるのです。もっと言えばあなた
は、スマホじゃなくて、本当は何が欲しいのでしょうか。「本当は何が欲
しいの？」「あなたが欲しいものって、本当にスマホなの？」「本当に欲
しいものが分かったら、それを満たしてあげるよ」。そんなドラえもんみた
いな言葉をかけてくれる人がいたら、私たちは言うかもしれません。「本

当はさみしかったんだ」「今日は上司にむしゃくしゃしたんだ」。それが分かれば、私たちはそのニーズをスマホではない他の方法で満たしてあげればよいのです。ちょうど禁煙外来で「ニコチンパッチ」をもらう感じです。ニコチンパッチって、ニコチンに依存している体に、タバコではない方法でニコチンを与えてもらっているので、タバコであれニコチンパッチであれ、同じニコチンをもらっているのです。

　スマホをすべてやめる必要はありませんので、少しずつ置き換えながら、ちょっとでも害が少ない方法を探ります。スマホで得ているものが「ちょっとでも人とつながれること」だったら、スマホをやめる代わりに誰かに実際に会えたら、スマホをやめやすくなります。「本当は何が欲しいの？　それをあげるからスマホと取り換えよう」という発想で「代替行動」を考えていきます。

　この機能分析は、刑務所や保護観察所の薬物再乱用防止プログラムや性犯罪防止プログラムにも活用されている方法です。

　コラムは「その2」に続きます（p.37）。「その2」では、代替行動や、環境を整えてやめやすくする5つの方法をご紹介します。いずれの方法も私（中島）が臨床経験の中からクライエントの皆さんと試行錯誤して生み出した方法です。

　普及したスマホの使用を0にするのは非現実的ですし、実際、スマホに助けられていることも多いですよね。うまく付き合っていきたいですね。

あなたはどの夜更かしタイプ？

　気持ちのよい朝を迎えるには、ある程度の睡眠時間は必要です。もし夜更かしのせいで睡眠不足になっているとしたら、ちょっと睡眠に向き合ってみましょう。

夜更かしをする原因と対処法

	原因	対処法
①無計画型1	日中計画性のない過ごし方をしてしまい、夜になって、慌ててやるべきことに追われてしまう。	やるべきことを先延ばしせずに取りかかる。
②無計画型2	やっとやるべきことを終わったが、まだやりたいことが終わっていないので、もう少し起きていたい。	
③没頭しすぎ型	ネットやテレビ、ゲーム、読書など、夢中で面白くてやめられないことがある。	時間を見る。 夢中になりそうな活動の前に、その活動を終えたい時刻にタイマーをかけておく。 遅寝のデメリットを思い出してその結果をイメージする。
④現実逃避型	翌日に苦手なこと、気の重くなる用事があって、明日を迎えたくないので、なんとなく夜更かしして現実逃避している。	避けていた問題に向き合う。
⑤過活動型	一日に多くの活動を欲張って入れている。	スケジュール帳の時間軸に入る分だけの活動量に減らす。

中島美鈴，稲田尚子著『ADHD タイプの大人のための時間管理ワークブック』，星和書店，p.35 より転載。

1. あなたはどの夜更かしタイプですか？（左の表〔p.32 の表〕を参照）
   （　　　　　　　　　　）タイプ
2. 平日、何時に寝て、何時に起きますか？
   就寝時刻（　　　：　　　）
   起床時刻（　　　：　　　）
3. 平均睡眠時間は何時間ですか？
   （　　　　　　　　　　）時間

大学生に必要な睡眠時間は何時間？

　図１は、日本人の平均睡眠時間の実情を示したものですが、日本人の睡眠時間は海外と比べると短いことが分かっています。

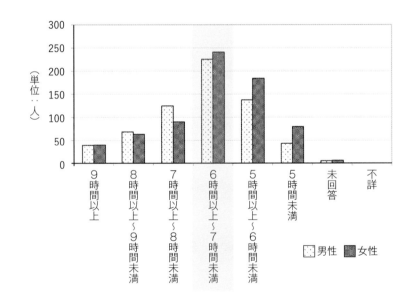

図1. 睡眠時間

令和３年度 健康実態調査結果の報告　厚生労働省医薬・生活衛生局生活衛生・食品安全企画課より転載し，一部改変（色網かけを追加した）。

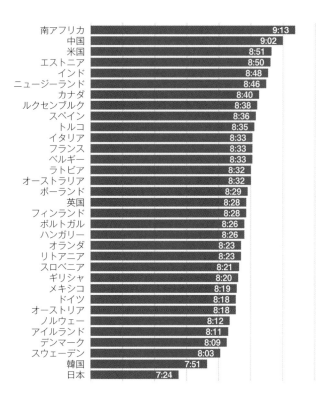

図2. 世界の平均睡眠時間

OECDの調査[1]をもとに筆者（渡辺）作成。

　経済協力開発機構（OECD）の2021年の調査[1]では、日本人の平均睡眠時間は7時間22分で、加盟30カ国で最下位でした（図2）。OECDの平均は8時間24分ですので約1時間短いことになりますし、第1位の南アフリカ（9時間13分）と比べると、1時間51分の差があります。また、加盟第3位のアメリカ（8時間51分）では、18歳〜25歳のヤングアダルト年代を対象に7〜9時間の睡眠が国立睡眠財団によって勧められています[2]。

────────

＊1　https://www.oecd.org/gender/data/OECD_1564_TUSupdatePortal.xlsx
＊2　https://www.thensf.org/how-many-hours-of-sleep-do-you-really-need/

　平日に不足した睡眠時間を補おうとして、休日に長く眠る「寝だめ」をする人がいるかもしれませんが、「寝だめ」によって実際に睡眠をためることはできません。睡眠時間の不足（睡眠負債）だけでなく起床覚醒のリズムが乱れることが分かっています。休日に時差地域への旅行を繰り返すことに類似するため「社会的時差ボケ」とも呼ばれています。睡眠負債だけでも、短期的には眠気や集中力などの低下、中期的には記憶力や学習能力への影響があり、長期的には生活習慣病やうつ病のリスクになります。そのため、「寝だめ」が必要な人はむしろ平日の睡眠時間を十分に確保する必要があります（三島，2019）。

布団スマホのやめ方

　せっかく布団に入っても、すぐに眠らずにスマホを触りつづけ、そのせいで睡眠不足という人はたくさんいます。いわゆる「布団スマホ」は、睡眠の量だけでなく質を下げてしまうのでできる限り減らしましょう。ここでは、布団スマホのやめ方をご紹介します。

①布団から離れた場所で充電する　　②枕元に目覚まし時計を置く

③おやすみモードに設定する　　④スマホは昼間に見る

　寝つきの悪い人ほど、布団に入って何もしないのを退屈に思うかもしれません。しかし「布団スマホ」でより寝つきの悪くなることが分かっています。それは、脳の働きと関係しています。私たちが布団に入ると眠くなるのは、生まれつきの反応ではなく、小さい頃から眠くなる時間帯に布団で横になるという「寝る習慣」をつけてもらって、脳が布団を見ると「ここは寝る場所だな」と学習したからなのです。しかし、布団でスマホを触って、ゲームしたりSNSをしたりするうちに、脳は「あ、布団は寝るだけの場所ではなくて、楽しくスマホする場所なんだ」と学習し直すのです。こうして、布団を見ると「なんか楽しい時間が始まるんだよね」と脳が覚えてしまい、スマホを触らずに眠ろうとすると「退屈だ」と感じてしまうのです。

　こうした後からの学習を解除するには、「スマホ」と「布団」を切り離し、「寝る」と「布団」をペアリングし直す必要があるのです。最初は退屈に思えるかもしれませんが、皆さんも脳に教えてあげましょう。「布団は寝るだけの場所だよ」と。

× 睡眠が整わない	○ 睡眠改善

早くから
寝床でスマホ
楽しいな

眠れぬなら
布団の外で
楽しもう

早く寝るための対処法の例

取り入れたいものにチェック ☑ をつけましょう。

- ☐ 就寝1時間前からはテレビ、スマートフォンや携帯電話、パソコンなどを見ない。

- ☐ 目標就寝時刻の15分前にアラームをかける。そうすることで、ネットなどに夢中になって時計を見るのを忘れていても、「そろそろ寝る時間だったな」と我に返ることができる。

- ☐ ストレッチなどリラックスできることをする。

- ☐ ベッドの中でテレビ、スマートフォンや携帯電話を見るなど、寝ること以外の活動をしない。

- ☐ カフェインの入った飲み物の摂取を控える。

- ☐ 寝る前にスケジュール帳タイム（時間管理ツールをチェックする時間のこと。時間管理タイム）を取って振り返る。

- ☐ 心配事について考えるより、今日一日の良かったこと、成し遂げたことを振り返り、自分を褒める。

- ☐ 昼寝を減らす。

- ☐ 日中の運動量が少ない場合には、好きなものを歩いて買いに行くなど、楽しめる活動で体を動かす。

- ☐ やりたいことがたくさんある場合には、次の日の朝に回す。それを楽しみに早く起きられるかもしれません。

中島美鈴，稲田尚子著『ADHD タイプの大人のための時間管理ワークブック』，星和書店，p.37 より転載し，一部改変。

だらだらスマホをやめるには（その2）

1. スマホをやめた時間に何をしたいのかを明確に決める

「スマホ依存ではだめなんでしょう」という漠然とした理由ではなく、「だらだらスマホをやめて資格試験の勉強をするんだ」といった具体的な理由を持つようにしましょう。だらだらスマホをやめて何をしたい、しなければならないのでしょう。このとき、「なんとなく勉強」のようなふわっとした感じではなく、「来月の TOEIC に備えて、今日は大好きな海外ドラマでリスニングの練習だ」といった具体性のある行動を決めます。

2. 絶対に遅れられないことの◯分前からスマホをスタート！

たいていの人は、その日のやるべきことが全部終わって帰宅してから、「よいしょ、さて、自由時間だ。スマホしよう」とスマホをスタートさせがちですが、これがエンドレスの沼にハマる原因です。「睡眠を削る分には、まあ（翌日つらいけど）なんとかなる」と考えてしまうからです。

反対に、絶対に遅れられない講義やアルバイト、乗り遅れられない電車の時刻から逆算して 30 分前からスマホを始めるというのはいかがでしょうか？　こうすれば、嫌でも次の用事のおかげで、スマホをやめることができます。大学の教室に早めに到着したらスマホ OK！　と決めれば、朝準備のモチベーションにもなりそうです。電車の場合、駅のホームまで行って、スマホをスタートするのです。もちろん、電車の出発時刻にアラームをかけておくこともお忘れなく。

3. スマホ以外の欲に忠実に動いてみる

ここで機能分析の結果を用います。あなたは、本当はスマホじゃなくて、何がしたいのでしょう。何が欲しいのでしょう。誰に会いたいのでしょう。どこに行きたいのでしょう。何て言われたいのか。さっぱりしたいのか。緩みたいのか。温もりたいのか。休みたいのか。自分の体と心に聞

いてみましょう。スマホ以外の欲を満たしまくるのです。「おなかがすいてたんだね。ごはん食べようかな」「あ、単純にストレスが溜まってたんだ。友達に聞いてもらおう」「疲れてて、ほわっとしたかったんだ。お風呂に入って早めに寝るか」「刺激が欲しくてたまらなかったんだ。退屈な毎日になってしまっている原因を考えてみようかな」「ほんとは泣きたくてたまらなかったんだ。好きなだけ感情に浸って泣いてみよう」……こんな感じでしょうか。なんとなくスマホを触っていても満たされなかった本当に欲しいものを、ストレートに満たしてあげる方が近道なのです。

4. 物理的ハードルを上げる

物理的ハードルは定番ながら、力強い効果を持つ方法です。

寝る前の布団の中でスマホを触るのがやめられない人は、遠く離れたところ（布団から遠いリビングの端っこなど）で充電するようにします。勉強をしながらついついスマホを触ってしまう場合には、タイムロッキングコンテナ（タイムロックボックス）という設定した時間が来るまでは開かない構造のアクリル製のボックスもおすすめします。ネット通販などで5千円前後で購入できるでしょう。

YouTube を見てしまう人は、YouTube アプリをスマホから消すとよいでしょう。動画を見たいときにはわざわざ Web ブラウザで「YouTube」と検索しないといけなくなるので、不便です。そうです、こうして見始めるまでにわざと手順が多くなるようにするわけです。

5. やりたくないこととペアにする

音楽を聴くことや、動画視聴がスマホの主な用途だという人は、ついつい先延ばしにしがちなやりたくない雑用のお供にするのはいかがでしょう。洗濯物干し、食器洗い、部屋の掃除など体を動かす系の作業と相性が良いです。反対に勉強とのペアは向き不向きがあります。これまでラジオを聴きながら勉強すると捗（はかど）ったという人には有効です。雑音で集中できなかったという人はやめておいた方がいいでしょう。

睡眠を記録してみよう

	布団に入った時刻	寝た時刻	起きた時刻	満足度
例 10/3（木）	22:50	24:00	7:00	☹
例 10/4（金）	23:10	23:30	7:00	☺

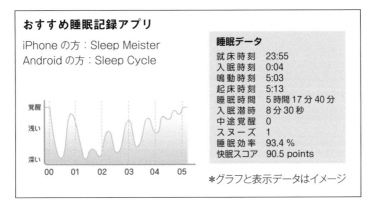

おすすめ睡眠記録アプリ

iPhone の方：Sleep Meister
Android の方：Sleep Cycle

覚醒
浅い
深い

00　01　02　03　04　05

睡眠データ

就床時刻　23:55
入眠時刻　0:04
鳴動時刻　5:03
起床時刻　5:13
睡眠時間　5時間17分40秒
入眠潜時　8分30秒
中途覚醒　0
スヌーズ　1
睡眠効率　93.4 %
快眠スコア　90.5 points

＊グラフと表示データはイメージ

間に合うと思ったのになぜか間に合わない
——時間感覚の個人差

　小学生の頃、こんな遊びをしたことがありませんか？　目を閉じて３分間を自分のタイミングで数えて、「今、３分だ」というタイミングで黙って手を挙げるというものです。先生がタイマーで正確な３分間を測り、それとどのぐらいずれているか、誰が一番正確かを競うゲームです。こうしたゲームをした経験がない方は、一度試してみてください。このゲームでは、時間の過ぎる体感の正確さをみています。「時間感覚」と呼ばれるものです。時間感覚は、数ミリ秒単位の非常に短い時間からサーカディアンリズム（概日リズム）のような24時間周期の長い時間まであり、これらが正確であるほど、目的地までの到着時間が予想できたり、「この仕事なら○分で終わるな」という正確な見積もりができたり、回っている長縄に良いタイミングで入って跳ぶことができたりします。時間感覚には、運動神経を司る小脳が関連しているといわれています。

　この時間感覚がわりと不正確なタイプの人はいませんか。試験勉強の計画がずれていくのもこれが一因ですし、間に合うと思って出かけたのになぜか地下鉄に乗れなかったりするのも時間感覚の問題が関連します。帰宅後疲れてちょっとのつもりで休憩し、スマホをいじっていたらいつの間にか２時間たっていたとか……こういうことも時間感覚の不正確さが招いています。

　時間感覚が不正確な人は、自分の体感よりもタイマーやアラームを活用するのが確実な方法です。例えばバス停で「定刻よりちょっと早めに着いちゃった。スマホでも見ながら待とう」というときには、バスの到着予定時刻にスマホのアラームを設定します。「あと５分でオンラインセミナーだ。じゃあ、今のうちにメールの返信をしておこうかな」という場合にも、５分のタイマーをかけます。時間の過ぎていく感覚を過信しないことです。

　また、「このレポート課題、いったい何時間かかるのか見当もつかない」

という場合には、そのレポートの完成形を描き、そこにたどりつくまでのTo-Doリストを作成したら、実際にそのひとつをやってみます。このとき、10分間でどのぐらい進むのかを計測します。この10分あたりの進み具合をもとに、全体の計画を立てるようにします。間違っても「たぶん2時間あればいけるな」というおおざっぱな予想はしないことです。

　慣れてくれば「私が直感的に1時間でできると見積もったタスクは、実際には3時間かかるんだ。3倍の法則だな」なんて感覚がつかめてくるかもしれません。皆さんは何倍でしょう。

第 **2** 章

授業の受け方

▼ 時間管理に関する技法 ▼

- 授業での集中の仕方
- ノートの取り方
- レポート課題が出たときの締め切りや課題内容の To-Do リストの作成
- 時間管理ツールの導入
- 時間管理タイムの設定

① 授業に集中できないのはなぜか？

　大学生にとって授業をきちんと受けて学ぶことは一番の本業です。しかし、高校までと違って、授業ごとに教室を移動しなければならなかったり、一緒に授業を受ける学生さんが違ったり、先生もバラバラだったりと、集中できない要因も増えてきます。授業に集中できない、何かついていきにくい、どうも頭に入りにくいと悩んでいる方は、以下の4つのプロセスに分けてどこでつまずいているのかを見てみましょう。どのプロセスでつまずいているかによって、その下に書かれている対策が異なります。この章では、それぞれの対策も紹介します。

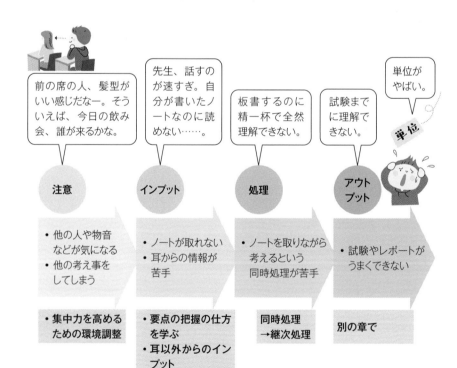

前の席の人、髪型がいい感じだなー。そういえば、今日の飲み会、誰が来るかな。

先生、話すのが速すぎ。自分が書いたノートなのに読めない……。

板書するのに精一杯で全然理解できない。

試験までに理解できない。

単位がやばい。

単位

注意

インプット

処理

アウトプット

- 他の人や物音などが気になる
- 他の考え事をしてしまう

- ノートが取れない
- 耳からの情報が苦手

- ノートを取りながら考えるという同時処理が苦手

- 試験やレポートがうまくできない

- 集中力を高めるための環境調整

- 要点の把握の仕方を学ぶ
- 耳以外からのインプット
- 書字以外のインプット

同時処理
→継次処理

別の章で

② 授業での集中の仕方

集中力を高めるための環境調整

授業に集中するプロセスの中で、最も重視したいのは、「注意」のプロセスです。聞きたいこと（先生の講義など）だけに注意を向けられればよいのですが、周囲の物音や他の人の服装、髪、持ち物などの聴覚・視覚的刺激にも気を取られて集中が邪魔されているかもしれません。また、「今日この授業の後のバイトが嫌だなあ」などの考え事や思いついた事も集中を阻害します。以下に対策の一例を挙げてみます。

困り事の例１：他の人や物音などが気になる

→ ・他の刺激を減らすため一番前の真ん中の席に座る
- ・ドア近くに座ってトイレに立つふりをして外に出て、体を動かして発散する

困り事の例２：本を読んでいるうちに、どこを読んでいたか分からなくなってしまう

→ ・リーディングストリップ（読書ガイドストリップ。色付きの薄手のプラスチック板のこと）などで物理的な目印を使って集中をガイドする
- ・考え事やひらめきは、そのまま考えを進めるのではなく、スケジュール帳にメモしていったん置いておく

③ ノートの取り方

要点の把握の仕方を学ぶ
耳以外からのインプット
書字以外のインプット

　授業に集中するプロセスの中で、「インプット」のプロセスは、記憶に残すために必要です。ノートを取るのに「書く」以外の方法もあります。

- 文字起こしソフトを使う
- 録音したものを倍速再生する
- パソコンでノートを取る
- 板書をカメラ撮影する（事前に先生に許可をもらっておくとよい）
- 先生にプリントをもらう

ノートの取り方の基本方針

1. 要点の把握の仕方を学ぶ

　要点は、いくつかの具体例の後にまとめて話されることが多いでしょう。先生の話のすべてを書かなければならないわけではありません。要点のみが板書されているかもしれません。教科書に書かれていることは筆記しないでその部分にマーカーを引いて、付け足すというのもよいでしょう。

2. 耳以外からのインプット

　「耳」から情報を取り入れるのが苦手な人は、「目」からのインプットに置き換えましょう。具体的には、板書をカメラ撮影したり、講義スライドのプリントをもらったりするとよいでしょう。

3. 書字以外のインプット

　自分の字が読みにくい、あるいは書くことに神経を使いすぎて理解が追いつかないでしょうか。文字を書くのが苦手な人は、必ずしも自分で書くことにこだわらず、講義を録音して後から聴いて復習するとか、文字起こしソフトを使用するとか、パソコンでノートを取るなど工夫しましょう。

4 レポート課題や宿題を覚えておく方法

時間管理ツールの導入
時間管理タイムの設定
To-Do リストの作成

授業中に「来週までの宿題です」「今月末までにレポートを提出してください」などと課題が出ることはよくあります。ここでも、「インプット」のプロセスで、それらの予定を締め切りとともに記録に残し、覚えておく必要があります。教科書やノートの端っこ、手やレシートの裏などにメモするのではなく、すべての情報を一括管理できるスケジュール帳やスケジュールアプリを使いましょう。

今月末までに
レポートを
提出するように。

そっかそっか、
教科書の端っこに
メモしておこう。
忘れませんように。

だいたい
忘れます。

時間管理ツールを決めよう

時間管理には、適切なツールが必要です。脳（記憶力）だけに頼らず、視覚化できるものを選びましょう。自分の生活スタイル、仕事の性質に合うものならば、アナログでもデジタルでもよいでしょう。

┌─ **時間管理ツールとの付き合い方のポイント** ─
☑ **予定は 1 つにまとめる（一括管理する）**
　とりあえず手に書く、そのへんの紙に書くのはダメ。
☑ **予定が入ったらすぐに入力する（書く）**
　「後で」が命取り。
☑ **常に身につける**
　すぐに予定を入力する（書く）ためにも常に持ち運べる大きさ、軽さ、まとまりにする。

どんなスケジュール帳がいいのか

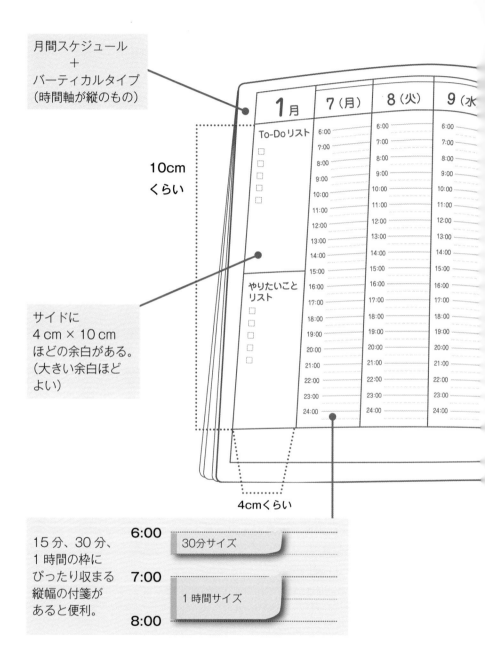

月間スケジュール
＋
バーティカルタイプ
（時間軸が縦のもの）

10cm
くらい

サイドに
4cm × 10cm
ほどの余白がある。
（大きい余白ほど
よい）

4cmくらい

15分、30分、
1時間の枠に
ぴったり収まる
縦幅の付箋が
あると便利。

6:00　　30分サイズ

7:00　　1時間サイズ

8:00

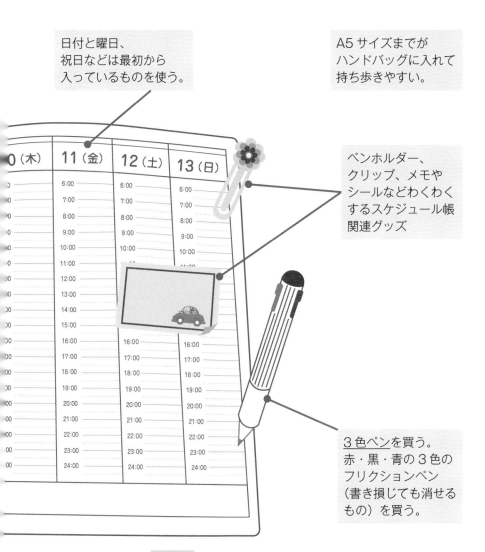

日付と曜日、
祝日などは最初から
入っているものを使う。

A5サイズまでが
ハンドバッグに入れて
持ち歩きやすい。

ペンホルダー、
クリップ、メモや
シールなどわくわく
するスケジュール帳
関連グッズ

3色ペンを買う。
赤・黒・青の3色の
フリクションペン
（書き損じても消せる
もの）を買う。

注意

字の大きい方、とにかくなんでも情報を管理したい方は
A4など大きいサイズからチャレンジしてみましょう。
ただし、持ち歩くのを忘れずに！

中島美鈴, 稲田尚子著『ADHDタイプの大人のための時間管理ワークブック』, 星和書店,
p.26-27より転載。

時間管理タイム（時間管理ツールをチェックする時間）を決めよう

　せっかくやるべきことと締め切りをスケジュール帳（時間管理ツール）に記録しておいても、そのツールを毎日チェックしなければ忘れてしまいます。毎日同じ時間にチェックする習慣をつけましょう。習慣づけるには、すでに習慣化している「いつもやること（ルーティン）」とセットにしてしまうことです。

いつ？
（いつものルーティンとセットにする）

例）朝起きてすぐ、
　　昼ごはんを食べながら、
　　通学中、歯磨きのとき

どこで？
（この場所に来たら確認という習慣）

例）ベッド、テーブル、教室、
　　通学のバスの中、洗面所、学食

その他の工夫
（アラーム設定など）

例）9時と13時に
　　アラーム設定

いつ

どこで

その他の工夫

To-Do リストを作ろう

　宿題やレポートが出たら、すぐにスケジュール帳の「To-Do リスト」に記入しましょう。ポイントは、締め切りだけでなく、その宿題やレポートを「実行する日」まで決めて、予定として入れてしまうことです。これで実行忘れがありません。

第2章　授業の受け方

1月	7（月）	8（火）	9（水）
To-Do リスト	6:00	6:00	6:00
☑レポートを書く（1/10）	7:00	7:00	7:00
☑ 英語の宿題（1/11）	8:00	8:00	8:00
☐	9:00	9:00	9:00
☐	10:00	10:00 レポートを書く	10:00
☐	11:00	11:00	11:00 英語の宿題
※カッコ内は締切日	12:00	12:00	12:00
	13:00	13:00	13:00
	14:00	14:00	14:00
	15:00	15:00	15:00

やりたいことリスト

☐
☐
☐

To-Do リストの作り方
1. 冒頭にチェックボックスをつける
2. タスク名を書く
3. 文末に（　）をつけて締め切りを書く（カッコ内は締切日）
4. 実行日を決めて予定を入れる
5. 実行したらチェックボックスにチェックを入れる

16:00
17:00
18:00
19:00

やりたいことリストを作ろう

やるべきことにやる気を出すには、やりたいことリストをつけよう

　宿題やレポートにやる気を出すために、やりたいことリストも作っておきましょう。ごほうびになりそうな活動や、欲しいものについて、スケジュール帳のやりたいことリストに書き出しておきましょう。

　やりたくないことをこなした自分へのごほうびとして活用することもできますし、やりたくないことを途中で投げ出したくなったときに、そのごほうびを思い浮かべたり、実際にごほうびの写真やイメージ図を見たりすることでやる気を継続させることができます。

●やりたいことリストはこんなふうに活用できる

　時間管理タイムに、スケジュール帳を開くことができたら「やりたいことリスト」に書かれたごほうびをゲットできるというのはどうでしょう。

　例えば、スケジュール帳をチェックするたびにチョコがもらえたら、自然と時間管理タイムが楽しみになりそうです。

1月

To-Do リスト

- ☐
- ☐
- ☐

やりたいこと リスト（ごほうび）

- ☐ 高いコーヒー（1/7）
- ☐ マッサージ（1/7）
- ☐ ちょっといいアイス（1/8）
- ☐ 友達に会う（1/8）
- ☐ YouTube（1/9）

※カッコ内は実行日

7（月）

6:00
7:00
8:00
9:00　高いコーヒー
10:00
11:00
12:00
13:00
14:00
15:00
16:00
17:00　マッサージ
18:00
19:00

8（火）

6:00
7:00
8:00
9:00
10:00
11:00
12:00
13:00
14:00
15:00　ちょっといいアイス
16:00
17:00　友達に会う
18:00
19:00

9（水）

6:00
7:00
8:00
9:00
10:00
11:00
12:00
13:00
14:00
15:00
16:00
17:00
18:00　YouTube
19:00

やりたいことリストの作り方

1. 冒頭にチェックボックスをつける
2. やりたいことを書く
3. 実行日を決めて予定を入れる（カッコ内は実行日）
4. 実行したらチェックボックスにチェックを入れる

会いたい人、行きたい場所、食べたい物、欲しい物、好きな触感、好きな香り、好きな音楽、好きな活動……。

五感を意識するとバリエーションが増えそう！

過去好きだったものは？

- 興味はどこにあるのでしょう？
- 何が強みになるのでしょう？
- 過去にどんな成功した体験がありますか？
- いつの時点が好きですか？

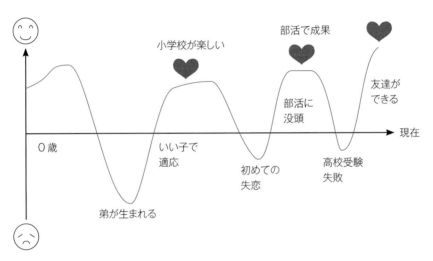

バレー部でみんなで力を合わせて
県大会に行ったよなー。
そうか、私は多くの人に会うことが
楽しみになるタイプなんだ。
やりたいことリストに、飲み会企画と
みんなでバレーをすることを挙げて
おこうかな。

一番多く時間をかけているのは？

　皆さんは自由時間に自分が何をしているか正確に把握していますか？

　ちょっとした暇なら、スマホを手に取ってしまうという人は多くいます。

　スクリーンタイム通知が来るたびに、「スマホを触りすぎてる……減らさなきゃ」と自己嫌悪になっている人はいませんか？

　しかし、心理学では「多くの時間をかけている活動＝やりたいこと」とみなします。つまり、スマホを減らしたいと思いながらも、一日の多くの時間をスマホにかけているのなら、あなたにとってスマホタイムは「やりたいことリスト」に書けるのです。これは不本意かもしれませんが、真実です。だとすれば、「宿題やレポートが終わるまではスマホを制限して、終わった後のごほうびにスマホタイムを設定する」というのはいかがでしょう。これなら、スマホタイムは無料のやりたいこと（ごほうび）になりますよ。

もしも願いが叶うなら？

　もしも目の前に魔法使いが現れて、何でも夢を叶えてあげるよなんて言ってくれたら、あなたは何をお願いしますか？　こんな突拍子もない質問の方が、かえって日頃隠れている願望が出てきやすくなるものです。

何でも魔法で
夢を叶えて
あげるよ。

ほんとに？　じゃあ、
ほんとはアメリカに
行ってみたい！

アメリカに行くための英語の勉強や
留学について調べることは、やりた
いことリストに書けそうですね。

第
2
章
授業の受け方

明日、世界が終わるなら？

「明日でこの世界は終わります。どう過ごしたいですか？」

こんな極端な質問も、自分を揺さぶって本当にしてみたいことを明らかにする良い方法です。皆さんは何がしたいですか？

明日で
この世界は終わるのじゃ。
どう過ごしたいかね？

え？　ほんとに？　じゃあ、
最後にぱーっと美味しいものを
食べて友達に会いにいくよ。

やりたいことリストをこまめに活用

やりたいことリストは、普段使いできるものがたくさんあると便利ですよ。こまめにごほうびを与えながら自分のやる気を継続させましょう。下の例も参考にしてください。

> **よくあるやりたいことリストの例**
> - 録画しておいたテレビ番組を見る
> - おやつを食べる
> - 丁寧にハンドクリームをつける
> - バイクに乗る
> - 釣りに行く
> - 温泉に入る
> - コーヒーを飲む
> - 買っておいた本を読む
> - 友達に連絡する
> - SNSを見る

To-Do リストとやりたいことリストの融合

　To-Do リストとやりたいことリストの両方をスケジュール帳に書くとこうなります。To-Do 1つにつき、やりたいことを1つか2つペアにしてやる気を出します。それぞれ別の色で書いておくと、一週間を通して、「やるべきことばかりになってつらくなっていないか？」「やりたいことだらけになりすぎていないか？」と一目でチェックできます。

1月	7（月）	8（火）	9（水）
To-Do リスト ☑書類書き（1/10） ☑ボタンつけ（1/11） ☐ ☐ ☐ ※カッコ内は締切日	6:00 7:00 8:00 9:00 10:00 11:00 12:00 13:00 14:00 15:00	6:00 7:00 8:00 9:00 10:00 書類書き30分 11:00 12:00 ランチ 13:00 14:00 15:00	6:00 7:00 8:00 9:00 10:00 11:00 ボタンつけ 12:00 チョコ 13:00 ドラマ 14:00 15:00
やりたいことリスト(ごほうび) ☑ランチ（1/8） ☑チョコ（1/9） ☑ドラマ（1/9） ☑読書（1/11） ☐ ※カッコ内は実行日	16:00 17:00 18:00 19:00 20:00 21:00 22:00	16:00 17:00 18:00 19:00 20:00 21:00 22:00	16:00 17:00 18:00 19:00 20:00 21:00 22:00

【応用編】ロジックツリー形式の To-Do リスト

「ゼミの発表」「レポートの作成」など、手順が多く難易度の高いやるべきことは、以下のように二層構造の To-Do リストにすると漏れなくリストアップできます。

| 手順 | 1. おおまかな要素に分けてリストアップします。 | → | 2. 要素ごとに、To-Doリストを、スモールステップで作成します。 | → | 3. 締め切りと所要時間（予想）を文末の（　）に書きます。 |

プロジェクト「ゼミの発表」

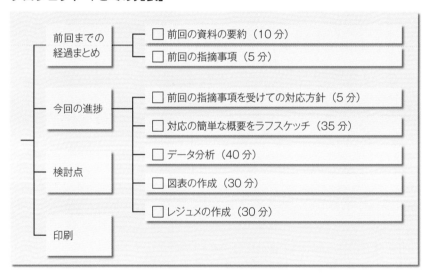

前回までの経過まとめ
- ☐ 前回の資料の要約（10 分）
- ☐ 前回の指摘事項（5 分）

今回の進捗
- ☐ 前回の指摘事項を受けての対応方針（5 分）
- ☐ 対応の簡単な概要をラフスケッチ（35 分）

検討点
- ☐ データ分析（40 分）
- ☐ 図表の作成（30 分）
- ☐ レジュメの作成（30 分）

印刷

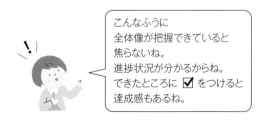

こんなふうに
全体像が把握できていると
焦らないね。
進捗状況が分かるからね。
できたところに ☑ をつけると
達成感もあるね。

気持ちを引きずる性格なので計画どおりにはいきません
──行動活性化

　大学１年生のＢさんは、サークル仲間が自分を誘わずに４人で飲みに
行ったことをSNSで知りました。みんな笑顔で写っている写真を見て、
「なんで誘ってくれないんだ。外された……」と落ち込みました。

　その日はバイトの日です。Ｂさんは塾の講師のアルバイトをしていて、
小学生に教えています。でも正直、落ち込んだ日に楽しい授業なんてでき
る気がしません。

　しかし、いざ授業を始めてみると、終わる頃には気分がすっきりしてい
ました。

　また、小学生のひとりから、「先生の授業楽しい」と言われて、Ｂさん
は嬉しくなりました。

　帰り道、Ｂさんはこう考えました。

　「よく考えたら、私だって、飲み会はいつもその場のノリで行くことが
決まるし、いつもサークルの人全員を律儀に呼ぶわけじゃないし。今回呼
ばれなかったのは、別にあの人たちに外されているからではないのかも」

　Ｂさんは少しだけ気が晴れました。

　あなたはＢさんのような経験はありますか？　モヤモヤした気持ちに
なったときには、いつもどうしていますか？

　Ｂさんは、なぜ最後に気が晴れたと思いますか？

　モヤモヤ、不安、イライラなどの不快な気分は誰にとっても嫌なもので
す。こんな嫌な気分から早く抜け出すための「行動活性化」についてご紹
介します。

　「元気があれば、何でも出来る」

　これはプロレスラーのアントニオ猪木さんの名言ですね。

　元気が最初にありさえすれば、行動も活発になって何でも出来るという

順番で、あくまで気分が行動に先行します。

これに対して、

「一度始めると、なぜかやる気がわいてくる」

こんなことも経験したことがあるはずです。気乗りしない大掃除も、いざ始めてしまうと、なんだか夢中になってしまう感じがそうです。

このように、気分と行動は、実はお互いに影響し合っていて、ぐるぐる循環しています。

行動から気分に影響する例

☐ 向かないと思っていた掃除だが、やっているうちに意外に楽しくなってきた

☐ 朝、眠くて憂鬱で仕方なかったが、思い切って起きてトーストを食べたら元気になってきた

☐ こんな派手な色の服は似合わないと思っていたけれど、着ていたら気持ちが明るくなった

☐ 大きな声で挨拶するように先生に言われ、仕方なくそうしていたら、はつらつとした気分になった

☐ 自分に自信がなくおどおどしていたら、姿勢だけでも良くするといいと言われた。そうしていたら、積極的になれた

この仕組みを利用して、気分を変えるために行動を変えるというのが、この行動活性化の考え方です。

良くない気分と良くない行動の悪循環から抜け出すには、**気分→行動**の流れではなく、**行動→気分**の順で考えていきます。Ｂさんがもし、もやもやした気分に従って「アルバイトに行かずにひとりで引きこもる」という行動をしていたら悪循環のままだったでしょう。

嫌な気持ちになったときほど、平常心の時の自分に近い行動を取るようにすれば、その結果、気分が良くなると言えるのです。

皆さんもお試しあれ。

授業を効果的に受けられるように配慮を求めるには

◇ 合理的配慮って？

　文部科学省の障害のある学生の修学支援に関する検討報告会（第二次まとめ）によれば、障害のある学生が、他の者と平等に「教育を受ける権利」を享有・行使することを確保するために、大学等が行う必要かつ適当な変更・調整で、大学等において教育を受ける場合に個別に必要とされるものであり、かつ、大学等に対して、体制面、財政面において、均衡を失した又は過度の負担（以下、過重な負担）を課さないものとされています。

◇ 具体的にどんなことが求められるの？

　合理的配慮は、教育・研究等に関する事項*を中心に求められます。具体的には、授業の板書の撮影許可、授業の座席位置の配慮、休憩場所の確保、授業資料等の提供、レポートの期限延長、授業中のパソコンの持ち込み・使用許可、実習の手続きのマニュアル化、グループワークのルール等の明確化などがあります。

◇ どのような手続きで求められるの？

　大学によって詳細は異なりますが、所属学部や研究科の教務課へ相談することで、対応がスタートし、各部署へつないでもらえます。合理的配慮の提供には診断書や検査所見等の根拠資料（障害者手帳、診断書、心理検査所見など）があるとよいでしょう。

---

*入学、学級編成、転学、除籍、復学、卒業、授業、試験、実習、課外授業、学校行事への参加等

◇ 合理的配慮の注意点

　合理的配慮の申請を行えば全てが認められるわけではありません。配慮内容の必要性や授業などの本質から逸脱しないこと、過重な負担になっていないことなどをチェックし、さらに申請者と大学で話し合いが持たれることもあります。また、大学で行われる支援は、学生相談や教員の判断で行う軽微なものなど、合理的配慮以外のもの（教育的対応）があるので、関連した部署に事前に相談するとよいでしょう。

第3章

バイトもサークルも勉強も……

▼ 時間管理に関する技法 ▼

- 優先順位づけ
- すきま時間の活用
- アサーション

① バイトやサークル、勉強などが両立できないのはなぜか？

　大学生活は忙しいです。勉強だけでなく、バイトにサークル、友達づきあいにボランティア、就職活動に卒業論文、資格取得などなど。どれも大事で、どれも譲れません。「時間がいくらあっても足りない」と口にする人も多くいます。以下の4つのプロセスに分けて、両立が難しいと悩む大学生がどこでつまずいているのかを見てみましょう。どのプロセスでつまずいているかによって、その下に書かれている対策が異なります。この章では、それぞれの対策も紹介します。

| やりたいこと、興味のあることがたくさんあって嬉しい。すきま時間を有効活用して計画を詰め込んだ。 | バイトのシフト変更を頼まれた。君しかいないと説得されて断れず引き受けた。 | 提出すべきレポートが溜まっている。とてもできる気がしない。 | レポートのことを考えるのも嫌。教員からの連絡にも応じられない。 |

計画立て	アサーション	動機づけ低下	回避
• 時間的余裕のない計画 • プラン変更ができない計画	• 頼まれると断れない • 相手に頼めない	• 累積した課題に取りかかれない	• 心理的抵抗感 • 連絡できない
• 実行性のある計画立案	• 適切な自己主張 • 柔軟な計画変更	• 動機づけのための自己報酬マネジメント	• 直面化 • 問題解決

② To-Do リストの優先順位づけ

実行性のある計画立案

　やることがたくさんあって大変なときには、それぞれに優先順位をつけていくことが必要です。一般的に優先順位は「緊急度（締め切りの近さ）」と「重要度」の組み合わせで決定するとよいといわれています。緊急度、重要度ともに高いものが最も優先順位が高いのでそこから着手します。その次に何が優先するかは、あなたが大学生活で大切にしたいものに関係しています。

2位

緊急度は低いが重要度は高い予定

＝

差し迫っていないが自分にとって大切な予定

今すぐやる必要はないが、将来を見据えたときに自分の役に立ったり、自分を成長させたりするための予定

例・卒業論文を進める（大学3年以前）
　・卒業後の進路に関する情報収集
　・英会話レッスン

重要度

高

1位

緊急度も重要度も高い予定

＝

差し迫っていて自分にとって大切な予定

何よりも優先して取り組むべき予定

例・レポートの提出
　・今日の1限の授業出席

緊急度　低

高　緊急度

緊急度も重要度も低い予定

＝

自分にとって重要でもなく差し迫ってもいない予定

やってもやらなくてもいい予定

例・スマホでゲーム
　・本当は行きたくないのに参加する飲み会
　・なんとなくネットサーフィン

緊急度は高いが重要度は低い予定

＝

差し迫っているが自分にとってはそう大切ではない予定

長い目で見ると自分にとって必ずしも重要ではないが差し迫っている予定

例・バイトのシフトに入る
　・サークルの定例会議の出席

低

重要度

4位

3位

例：大学生のヒナタさんの優先順位づけ

　大学生のヒナタさんに、優先順位の基本（緊急度と重要度*）に沿って、それぞれのやることを検討してもらいました。最も優先順位が高そうに見えたバイトについては、緊急度は確かに高いことが分かりましたが、自分にとって重要なものは他にもあること、そこに目を向ける必要があることに気づくことができました。誰もが目先のことに追われて緊急度が高いものを優先しがちになるため、重要度を意識するようにしましょう。

	サークルの雑用	試験勉強	バイト
緊急度 （締め切りの早いもの優先）	○（もう来週に定例会議が迫っている！資料を準備しないと！）	△（そろそろ迫ってきているけど、まああと３カ月あるからなんとかなるかな）	◎（シフトの穴は誰かが直ちに埋めないとやばい！）
重要度	○（間に合わないとサークル仲間からの信頼を失ってしまう）	◎（単位を取れなかったら卒業が難しい）	△（ぶっちゃけ、学生時代だけの関わりとはいえ食べていくのに大事）

＊**重要度**：日頃から「自分が何を重視した大学生活にしたいか」で判断。

あなたが大学生活で優先したいことは何？

　活動自体が物理的に多すぎる場合、あなたが大学生活で重視したい価値観を明確にし、それに沿って活動を取捨選択する必要があります。

　よくある重要度ポイントを左下の欄に挙げましたので、当てはまるものにチェック ☑ をつけてください。次に、右の表に日頃時間をかけている活動をリストアップして、左の一覧から対応する重要度ポイントの番号を書きましょう。

よくある重要度ポイント

- ☐ ①人脈をつくりたい
- ☐ ②自分が興味がある、好き
- ☐ ③資格・スキルアップできる
- ☐ ④友達をつくりたい
- ☐ ⑤社会に貢献したい
- ☐ ⑥就職につなげたい
- ☐ ⑦恋愛したい
- ☐ ⑧良い成績を取りたい
- ☐ ⑨知的好奇心を満たしたい
- ☐ ⑩大学院に進学したい
- ☐ ⑪お金を稼ぎたい
- ☐ ⑫有名になりたい
- ☐ ⑬その他

番号	活動	重要度ポイント
例	サークル	①⑥
1		
2		
3		
4		
5		
6		
7		
8		
9		
10		
11		

あなたがたくさん
時間を使っていることは何？

　あなたの睡眠時間を除いた時間の使い方を記録してみましょう。あなたが大学生活で重視したい活動に時間を使えていますか？

　下の図は活動時間をグラフに表した例です。これを参考に自分の場合を考えてみましょう。

活動時間グラフの例

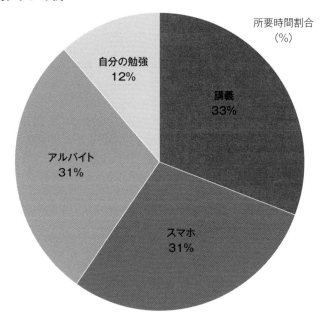

睡眠時間を除いた活動時間で計算

> スマホとバイトが予想以上に多い。
> だから自分の勉強をする時間が少ないのか。
> スマホをするために大学に進学したわけじゃ
> ないのに……へこむわ。

あなたの睡眠時間を除いた時間の使い方をグラフに表してください。
どんなことに気づきましたか。
あなたが大学生活で大事にしたい価値観に合っていますか？

あなたの活動時間グラフ

現状

ひとりよがり注意報！

　この図は、大学でよくある指導教官と学生の「重要度」のズレです。ふたりが修士論文に関して考えていることには大きな隔たりがありそうです。このままでは、この大学院生の努力は報われず、良い評価を受けることができないようです。こうした悲劇を避けるためには、日頃から自分と相手がどのようなことを重視しているかをよく話し合って擦り合わせておくことが必要です。

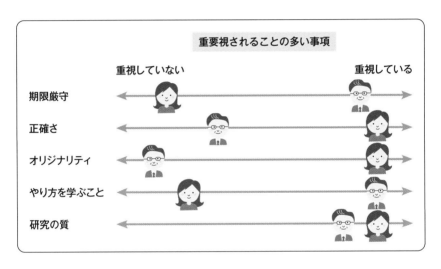

重要視されることの多い事項

重視していない　　　　　　　　　　重視している

期限厳守

正確さ

オリジナリティ

やり方を学ぶこと

研究の質

私はどうしても
自分にしかできない研究で
個性を出したいんだ！

大学院生

修士課程の
学生さんには
オリジナリティより
研究の型を
学んでほしい。

指導教官

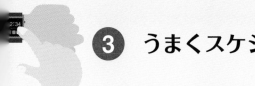

❸ うまくスケジュールを組むコツ

やりたいこと、やるべきことがたくさんある人ほど、スケジュールの組み方は大事です。

9のポイントをご紹介します（以下、次ページ末まで中島・稲田，2017 より転載）。

①毎日の決まり仕事は同じ時間に行う

毎日の決まり仕事は、同じ時間に設定します。朝食の準備、片づけ、洗濯、風呂など毎日繰り返す日課は、同じ時間帯に入れるようにします。定期的なパターンを作ることが最もうまくいきます。

②すると決めた一定の時間には、それ以外のことをしない

家事でも仕事でも、すると決めた一定時間にそれ以外のことをしないようにします。少しのつもりでネットサーフィンをしたりテレビをダラダラ見たりして一日を棒に振ることになった経験はありませんか？　休憩時間や週末までお預けにしましょう。

③難しいことはやる気のある時間帯にする

難しそうなことや、大変なことをするのは、最もやる気のある時間帯に設定します。例えば、朝型の人はその時間帯に、会議のあとの方が頭が活発に働く人はそのあとにしましょう。

④やる気のあるときは難しいことや先延ばしにしていたことに取り組み、やる気のないときは簡単なことや楽しいことに取り組む

⑤難しいことに取り組んでいるときは途中でやめない

途中でやめると、次にそれを途中からやり始めるのはもっと大変です。

⑥小さな仕事は、すきま時間に組み込む

すぐに終わりそうな小さな仕事は、すきま時間に組み込みます。通勤中の電車や、ちょっとした待ち時間などです。

⑦取りかかる前に計画を立てる時間を取る

大掃除や部屋の模様替えなど構想を練る必要のあることには、計画を立てるためのまとまった時間を取るようにします。

⑧計画どおりにいかなくても自分を責めない

自分を責めるのは時間のムダです。前を向いて進みましょう。

⑨休憩を取る

しっかり休むことで、時間管理をすることへの疲れを防ぎます。

文献：中島美鈴，稲田尚子著『ADHDタイプの大人のための時間管理ワークブック』，星和書店，p.84-85より転載。

すきま時間はチャンスの時間

　忙しい人にとって、すきま時間はチャンスの時間です。すきま時間とは、15分程度の待ち時間などちょっとした空き時間のことです。「たった15分間じゃ何もできないよ」なんて思い込みは捨てましょう。

●すきま時間（数秒～15分）とは

〈家の中〉
お風呂のお湯をためる間
弁当を電子レンジでチンしている間
テレビのCM中
洗濯がもう少しで終わりそうな時

〈学校編〉
大量印刷の待ち時間
通学中
講義中（こっそりね）
講義の始まる前
昼休みの残った時間
電話で待たされている間
大きなファイルのアップロード中

〈外出編〉
洗車中
車にガソリンを入れてもらっている間
電車で移動中
バスで移動中
電車・バスの待ち時間
レストランでの食事の際の待ち時間
病院での待ち時間
友達との待ち合わせに早く着いた時
銀行での待ち時間
信号の待ち時間
レジで並んでいる間
ウェビナーの待ち時間

すきま時間をバカにするべからず

すきま時間にちょうどいい試験勉強

- スケジュールを立てる
- スケジュールをチェックする
- テキストの覚えたいページのコピーを
  スケジュール帳に挟んでおく
- 一問一答問題集の 5 問だけ解く
- 過去問の解説を読むだけ
  （解説を 1 問だけ読む）
- 暗記物の一覧を眺める
- 苦手な分野の暗記のため語呂合わせを考える
- 試験範囲に関する YouTube を見る
- 苦手分野に関する YouTube を見る
- 関連する法律について何を学ぶ必要があるのか
  To-Do リストにする

すきま時間は突然やってくるので日頃から勉強スタンバイが大事！ 手軽に持ち歩けるよう分冊（破って持つ）か必要な部分だけコピーもしくはデジタル管理がおすすめ！

◀分冊の例

すきま時間を活用しよう

　すきま時間は案外多くあります。待ち合わせした相手がちょっと遅れるとか、バスが時間どおりに来ないとか、歯医者で思った以上に待たされた、などがそうです。そんなすきま時間をうまく活用するために、すきま時間にやりたいことを予め付箋に書いておき、すでにある予定の隙間に貼っていくのはいかがでしょう。付箋を用いるのは、たとえそのすきま時間でタスクが終わらなくても自由に移動できるからです。これなら中途半端な状態でタスクが宙ぶらりんになることもありませんね。

　下の図は公認心理師という国家試験を目指す大学生の例です。こうすれば、試験勉強もすきま時間に進めることができそうですね。

4 アサーション（主張もできなくちゃ時間管理もできない）

アサーションとは、自分も相手も大切にする対等なコミュニケーションのあり方です。ついつい自己犠牲で無理をしがちな人は相手との関係を見直して、さわやかに主張する練習をしてみましょう。以下は、都合の悪い日程にアルバイトのシフトを頼まれたシーンです。

✕ 時間管理できない例

> わかりました。
> バイト入りますけど……
> （察して、忙しい）

- ✕ 相手に何も伝わっていない
- ✕ 相手とあなたは不平等
- ✕ 不満と負担が溜まっていくわりに相手から大切にされない

○ 時間管理できる例

> それは人手不足ですね。お役に立ちたいのですが、テスト期間ですから頑張っても2日間しか入れません。しかし他のバイト生の○○さんや△△さんは他大学なのでテスト期間がもう少し早く終わるのでこの日とこの日なら入れるかもしれません。

- ○ バイト先を思いやる気持ちと自分の事情の主張のバランスがいい
- ○ 代替案まで提案

下記の4ステップをふまえると、自分も相手も対等な関係を築くコミュニケーションを取ることができます。

アサーションのポイント

1. **状況を描写する**
   それは人手不足ですね（客観的事実を述べる）
2. **気持ちを伝える**
   お役に立ちたいのですが2日間しか入れません（主観を冷静に伝える）
3. **提案する**
   バイト生の○○さんや△△さんは入れるかもしれません（相手の意向も踏まえた提案）
4. **代替案を出す**
   いかがでしょう（提案に対してYesでもNoでも想定している）

対人関係の対等性

　大学４年生のＣさんは、友達から今度の金曜日、飲みに行こうと誘われました。その友達とは大学で一番親しい友達です。Ｃさんは楽しみにしていました。

　前夜、レポートが間に合いそうになかったＣさんは徹夜でこなしました。友達と飲むためです。ですが当日、友達はこう電話してきたのです。

　「今日は飲みって気分じゃないから、やめるわ。また今度」

①**もしあなたがＣさんの立場なら、友達に何と言いますか。次の三択ならどれに近いですか？**

　A.「いいよ、気分が乗らないことだってあるもんね。気にしないで。また今度！」

　B.「えーー？　私、今日のために昨日寝ずにレポート仕上げたんだよ。当日気分が乗らないってだけでドタキャンなんて、ひどくない？」

　C.「そうなんだ。残念だけどまた今度！　でももうちょっと早く言ってよ。こっちの都合だってあるんだからさ」

②**あなたが友達の立場なら、どうしますか？**

　A.　たとえ気分が乗らなくても、無理してでも約束は約束。付き合う。

　B.　気分が乗らないのに飲みに行くなんて嫌だ。当日だろうとドタキャンする。

　C.　気分が乗らないまま行くのは不本意だし、それは相手にとっても本意ではないだろう。なるべく早いうちに相手に打ち明けて、今日行くのか別日にするのか話し合う。

　さて、いかがでしたか？　この質問は、あなたと相手とがどのような関係にあるか見るものでした。対等で安全な関係こそが理想ですが、あなた

はどうでしょう？

　対等な関係では、自分にも相手にも飲みに行く自由も断る自由もあります。お互いの立場や気持ちを尊重しつつ対等に表現することが許されています。どちらかがいつも優先されて、片方が遠慮し服従するのは不平等な関係です。家庭によっては、「よそ様に迷惑をかけてはいけない。我慢しなさい」と教えられてきたかもしれません。それで衝突を避けて生きられるかもしれませんが、行きすぎると、自分は本当は何がしたいのか、どういう感情なのか、分からなくなってしまうことがあります。いつも自分がどうしたいかよりも相手がどうしたいかを気にするあまり、反射的に遠慮したり、すぐに謝ったり、愛想笑いして主張しなかったり、とっさに何でも Yes と言って自己犠牲を払ってまで尽くしてしまうかもしれません。限界まで我慢が続くと、一気に怒りを爆発させる人もいます。

　あなたの①の回答はどれでしょう？

☐　①で A を選択→**「非主張型」**
　自己犠牲で相手に合わせてばかり。我慢しすぎて爆発することも。

☐　①で B を選択→**「攻撃型」**
　直接不満を言う場合だけでなく、不快な感情を表すなどの間接攻撃も含む。

☐　①で C を選択→**「アサーティブ型」**
　自分の気持ちも伝えるし、相手の気持ちも尊重する。対等な関係。うまくいく。

　続いて②の回答はどれでしょう？　①の回答と比較してみてください。例えば、①では A「いいよ、気分が乗らないことだってあるもんね。気にしないで。また今度！」と相手を尊重して自分の主張は抑えた人が、同じように自分のことも尊重できていれば、②では B「気分が乗らないのに飲みに行くなんて嫌だ。当日だろうとドタキャンする」を選んだとしても

対等といえば対等であるわけです。ある意味、どちらも自由に勝手にやりましょうという感じです。

　しかし、①でAだった人が、②ではA「たとえ気分が乗らなくても、無理してでも約束は約束。付き合う」を選んでしまうと、自分の自由は尊重せずに、相手だけ尊重するという不平等な関係だということになるでしょう。

　また、①でB「えーー？　私、今日のために昨日寝ずにレポート仕上げたんだよ。当日気分が乗らないってだけでドタキャンなんて、ひどくない？」と、相手の自由を尊重しなかった人が、②で自分にも同様にA「たとえ気分が乗らなくても、無理してでも約束は約束。付き合う」を選び、自分の自由もまた無視すると、ある意味対等ですが、お互いに縛りつけ合っていて、がんじがらめだとも言えなくはないでしょう。かといって①でBだった人が②でB「気分が乗らないのに飲みに行くなんて嫌だ。当日だろうとドタキャンする」を選んで自分の自由だけを尊重すると、『ドラえもん』ののび太に対するジャイアンのような自分だけ好き勝手な不平等な関係になってしまいますね。

　理想的には①も②もC「そうなんだ。残念だけどまた今度！　でももうちょっと早く言ってよ。こっちの都合だってあるんだからさ」「気分が乗らないまま行くのは不本意だし、それは相手にとっても本意ではないだろう。なるべく早いうちに相手に打ち明けて、今日行くのか別日にするのか話し合う」の対応ができれば、平等でお互い尊重し合える自由な関係であると言えるでしょう。自分がどう感じても自由であるように、相手がどう感じても自由なのです。親友、恋人、先輩後輩といった関係でも、どちらかが押しつけることはできないものです。

　皆さんが時間管理を実践していく中で、時には「このスケジュールではできない」「それは関係ないので断りたい」など、主張しなければならない局面も出てくるでしょう。時々は「今この人との関係は対等かな？」「ちゃんとお互いに言いたいことを言えているかな」などと対人関係を見直しながらやっていけるといいですね。

　D さん（仮名・架空の人物）は、大学 2 年生の男性です。親から仕送りをもらわずに奨学金とスーパーの寿司コーナーのアルバイトで生活を立てています。

　D さんは働き者で仕事も早いし、いつもニコニコ。他のアルバイト生のように講義があるだの試験があるだのと言わずに、シフトにいくらでも入ってくれるので、バイト先の責任者は内心こう思っています。「正直、D さんがこんなにシフトに入ってくれるのなら、他のバイト生は新規で採用しなくてもいいな。助かるなあ」

　D さんは金銭的余裕はないので、サークルには入らず、バイトに明け暮れる毎日。大学の講義も出席をあきらめたので、単位をいくつか落としました。それでもバイト先の責任者から「D さんがいないとうちの店はやっていけないよ。本当にありがとうね」と感謝されるし、親元から離れて大学にも親しい人がいない D さんにはここが唯一の居場所のように感じられました。D さんの生活の様子が気がかりで親が電話をかけてきますが、土日もバイト三昧で電話に出ることができません。たまに電話に出れば、親から大学のことを尋ねられた途端、D さんは不機嫌になって電話を切ります。大学生活が全く楽しめていないことを指摘されたくなかったのです。

　2 年生の年末、D さんのもとに親から電話が来ました。「帰省の交通費もないだろうから、新幹線の指定席のチケットを送ったよ」。D さんは親に感謝するどころか「年末の一番忙しい時期にバイトを休めるわけないじゃないか！」と激怒しました。なけなしのお金でチケットを送った親も頭にきて「何のために大学に行ってるんだ。バイトのために行ってるんじゃないだろう」と叱ります。こうして大げんかになった D さん親子。結局、D さんは帰省することなくイライラして過ごしました。

　D さんの話を読んでどう思いましたか？　ブラックバイトという印象を持ったかもしれません。しかし D さんにとってはバイトはとても大切な居場所でもあり、生活のための手段でもあります。しかしその後、D さんは卒業できずに苦しむことになります。どうしたらよかったのか、優先順位というキーワードで考えるとよさそうですね。

第 4 章

帰宅後

▼ 時間管理に関する技法 ▼

- 環境調整（スマホが取りかかりと計画立てを邪魔している）
- 夕方のルーティン
- 自己報酬マネジメント
- 注意持続訓練

❶ 帰宅後やる気が出ないのは なぜか？

　帰宅してから、英語の勉強をしようとか、サークルの雑用をしようとか、いろいろ計画していても、いざ帰宅するとお風呂に入ることすらままならずに寝てしまうことはありませんか。一日の終わりには疲れと眠気はピークで、やる気が出ません。脳も疲労しているので、スマホやゲームなどのさまざまな誘惑に対してブレーキを利かせにくくなります。まずはどのプロセスでつまずいているかを分析しましょう。この章では、それぞれの対策も紹介します。

> あー、今日も疲れた。とりあえず無音は寂しいから YouTube を流すぞ。今日こそ英語の勉強をしなくちゃだけどなんとかなるさ。

> 夜は長いんだ。まずはごはん。腹が減っては戦はできぬ！

> ごはんを食べながらおすすめ動画を見ていたら、気づいたら0時じゃん！

> 動画だけじゃなくて SNS も見ていたら1時に！

> 今日も力尽きた。

取りかかり	計画立て	進捗気にして	脱線防止
・動画で思考停止 ・できない恐れから先延ばし ・実のところ、英語の勉強を具体的にどう進めるか考えていない	・計画を立てない ・時間の見積もりがずれている	・時間感覚がずれている ・時計を見ない ・作業進捗に応じて方法を変更	・他のことに飛びつく ・些細な刺激が気になる ・ゴールを忘れてしまう
・先延ばし（現実逃避）のやめ方 ・自己報酬マネジメント ・意思決定	・計画立て	・時間管理ツールの導入 ・過集中からの抜け方	・環境調整 ・記憶の保持

実行機能モデル（Zelazoら, 1997）でプロセスを分析

帰宅後だらだらしてしまう原因

帰宅後にだらだらしてしまう原因としてどれに当てはまりますか？

1. 流しっぱなしの動画が思考停止状態を作り上げる
2. 実のところ、やることが具体的に設定できていない
3. 時間管理に向けたやる気を出せていない
4. 帰宅後から翌朝までの日課が整っていない
5. 疲れた日にはやる気が出せない
6. 誰も褒めてくれない

これらを克服して、帰宅後やるべきことをこなす手順をご紹介します。

【手順1】動画を流す前に1分間の計画時間を持つ

先延ばし（現実逃避）のやめ方

帰宅後すぐに動画に手を伸ばしたいのをぐっとこらえて、1分間だけ計画を立てる時間を持ちます。今から寝るまでの流れを組み立てるのです。

✕ 時間管理できない例

あー、今日も疲れた。とりあえず無音は寂しいから YouTube を流すぞ。今日こそ英語の勉強をしなくちゃだけどなんとかなるさ。

○ 時間管理できる例

無音空間が耐えられないから、動画は流したい。でもその前に、今日の作戦タイムだ。1分間でいいから今日の流れを描くぞ（作戦の立て方は手順2以降で）。

この「いつもついついしてしまうこと」にぐっとブレーキを引くのはとても困難であるといわれています。脳の前頭葉の働きには個人差があって、ブレーキの力が弱く誘惑されやすいタイプがいるのも事実なのです。こうした場合、ブレーキの力自体を強くする努力をするよりは、誘惑自体を減らす（つまりスマホやiPadなどを離れた場所に置くとか、タイムロッキングコンテナに入れてしまう）のが効果的だといわれています。p.90に、「スマやめ」という面白いお役立ちアプリを紹介しています。

【手順2】やることを具体的に設定する 意思決定

　漠然と「英語の勉強をするぞ」と思っていても出来ないときには、やる気が足りないと自分を責めるのではなく、「英語の勉強の具体的な内容が設定できていなかったのだ」と反省しましょう。自分が英語の勉強をしている姿が映像で見えるぐらい、リアルにイメージするのです。どの教材の何ページを、どこで、どのように取り組むのでしょうか？　それは実現可能な方法でしょうか？　イメージしただけで退屈で嫌気がさすような方法なら、思い切って違う方法を模索しましょう。英語の得意な友達に聞いてもよいでしょうし、ネット検索すればいくらでも効果的な英語習得法が得られます。スマホでYouTubeを見るのが好きな人は、英語教育系チャンネルを探してみてもよいでしょう。等身大の自分に合った方法が見つかるまであれこれ試してみましょう。

✕ 時間管理できない例

> 今日こそ英語の勉強をしなくちゃだけどなんとかなるさ。

✕ 漠然としている
- どのテキストの何ページをするのか
- 方法が不明確
- 量も不明確
- 所要時間も分からず何分したら終わりか見えない
- キリがないからやる気も出ない

〇 時間管理できる例

> 今日はこのテキストのp.10-11の単語20個を声に出して読むんだ！

〇 自分が映像として見えるぐらい明確に設定

【手順3】自分をその気にさせる

　帰宅してやるべきことをさっさと終わらせるぞ！　という時間管理に対するモチベーションを上げるためには、「自分が時間を使いたいものは何か？」をはっきりさせることが大事です。

　「今夜は録画しておいたドラマを見るんだ！」「○時からのライブを見るぞ！」「夜友達が泊まりにくるからそれまでに勉強を終わらせて楽しむぞ！」「ごほうびチョコレートを食べる」でも何でも OK です。やりたいことリストを活用しましょう（やりたいことリストの活用については p.52 〜 56 を見てみましょう）。あまりまじめに構えすぎなくてよいのです。続かなければ意味がありません。たくさんのごほうびをぶらさげて取り組みましょう。

俺はマッチョになりたいから
筋トレをしながら単語 20 個を
シャドーイング！

義務感よりは
下心を使え

【手順4】帰宅後～翌日まで日課を見える化 計画立て

　帰宅してから翌朝までの時間は「一晩もあるのだから、何でもできる」と無限に感じられるかもしれません。本当にそうでしょうか？　平日のあなたの帰宅後の日課を書いてみましょう。空白の時間が何時間あるでしょう。

帰宅後の1週間の時間割の例

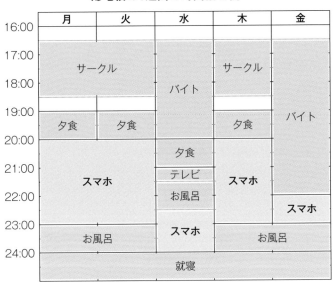

> 夜はたくさん時間があると思っていたけど勉強に使える時間は少ししかないなあ。っていうか、スマホの時間が多すぎる……。

やる気を出すにはやる順番が大事

　帰宅してから**何をどの順番でするか**が、やる気の鍵となります。やる気の源である活性化エネルギーのしくみを知って、やることの順番を考えましょう。

> **Point**
> やる気を出すには活性化エネルギーが必要。スタートに最もエネルギーを使う山の数は少ない方がいい。

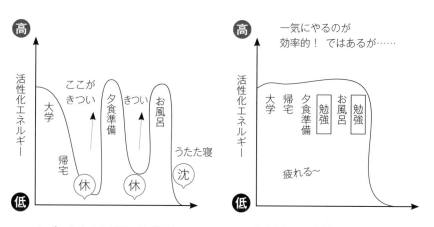

レポートまでたどりつけず寝た　　素晴らしいけど体力的に無理！

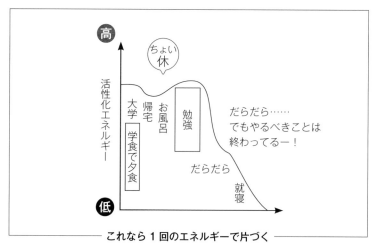

87

実践者の例（Before）

　ある一人暮らしの大学生です。授業が終わってまっすぐ帰宅すると、すぐに YouTube をつけ、BGM 代わりにずっと流しています。夕食は YouTube を見ながらコンビニ弁当を食べます。食後はソファーで、テレビをつけて iPad では YouTube を流したままスマホをいじります。食後は眠くなりソファーでうたた寝します。電気のついたままのリビングで寒くて 0 時過ぎに目が覚めます。スマホで時間を確認して、ついでになんとなく SNS をチェックします。お風呂に入る気力もなく、「ああ、今日も英語の勉強できなかった」と自己嫌悪に陥りながらまた寝ます。一人暮らしなのでお風呂に入るよう急かす家族もいないし、週のほとんどがお風呂に入らないままうたた寝の日々なのです。問題点をまとめると……

- 帰宅後 YouTube 三昧_{ざんまい}で思考停止
- 電気つけっぱなしでうたた寝率が高い
- お風呂に入らない日が多くて自己嫌悪
- 食後の眠気が天敵
- まるで勉強できない

	月	火	水	木	金	土	日
16:00〜16:30	大学						
16:30〜17:00	通学				通学		
17:00〜17:30	YouTube だらだら				YouTube だらだら		
17:30〜18:00				サークル		バイト	
18:00〜18:30	夕食				夕食		
18:30〜19:00							
19:00〜19:30	YouTube だらだら						
19:30〜20:00							
20:00〜20:30					YouTube だらだら		
20:30〜21:00							
21:00〜21:30	うたた寝			友達とごはん		友達とごはん	
21:30〜22:00							YouTube だらだら
22:00〜22:30							
22:30〜23:00				風呂			
23:00〜23:30						YouTube だらだら	
0:00〜0:30	一度目を覚ますが、電気だけ消して、そのまま SNS を見てまた寝る			寝る			寝る
0:30〜1:00	寝る						

実践者の例（After）

　この方には活性化エネルギーに注目して次のように順番を変えてもらいました。

　食後の眠気対策として、大学内の食堂で早めの夕食を済ませてもらいました。そして帰宅後、間髪を入れずにお風呂に入ってもらいます。こうすることで、眠気が一番くる時間帯に通学と風呂という活動を入れて、うたた寝を防ぐことができています。また、食事とお風呂という「やるべきこと」が終わっているので、このあと、うたた寝したとしても自己嫌悪に陥る可能性がずいぶん減らせます。お風呂の後にはすかさず勉強タイムを設定しています。途中で眠くなったとしても、これまでの自己嫌悪とは比べものにならないでしょう。やるべきことは終わっているし、これまで0だった勉強時間が少しでも確保できているからです。また、眠くて寝たということはおそらく次の日に勉強に集中できる睡眠貯金ができているのですから前進です。

　活性化エネルギーに注目してやる順を見直すと下の図のようになります。

	月	火	水	木	金	土	日
16:00			大学				
16:30							
17:00	夕食				夕食		
17:30	通学				通学		
18:00							
18:30	風呂			サークル	風呂	バイト	
19:00							
19:30							
20:00	勉強				勉強		
20:30							
21:00							
21:30				友達と			YouTube
22:00				ごはん		友達と	だらだら
22:30	ごほうび YouTube				ごほうび	ごはん	
23:00					YouTube		
23:30							
0:00							
0:30	寝る						
1:00							

10分ブロック大作戦と penco スティッキーメモパッド
マンスリー、クリップボード

　帰宅してから寝るまでの時間の過ごし方を管理するために1行を10分間に見立てて、やることを書いていくのに便利なグッズです。10分単位で計画を立てると、「10分間で進められる勉強はこのぐらいだな」とか「だいたい20分間でごはんを食べられるよな」などと想定しやすく、計画がずれにくくなります。メモパッドには糊（のり）もついているので、スケジュール帳やパソコンの画面に貼り付けて使うこともできます。

アプリ「スマホをやめれば魚が育つ」

　「スマやめ」（「スマホをやめれば魚が育つ」）は無駄にスマホを使うのをやめるために使うアプリです。自分が集中したい時間を設定すれば、その時間はスマホのいかなる操作もできなくなります。正確に言えば、触らない間、お魚が育つという育み系アプリなのです。集中してスマホを触らない時間が長ければ長いほどお魚が育ち、コインが貯まります。お魚が成長し終わると、次のレベルのお魚を新たに購入することができて、自分の水槽が色とりどりの魚で満たせます。無料ですので試してみてはいかがでしょう。

【手順5】物の仕組みで、習慣化を後押し

　やるべきことに取りかかるために、また、一度取りかかってから他のことに脱線しないために、気合いだけでなく、「物の仕組み」を利用するとうまくいきます。ここでは、心理学でいう、「水路づけ」を利用した方法を紹介します。水路づけは、さまざまな可能性の中からある行動や習慣や価値観が選択され固定化される過程を、一度水路ができると次第に深い確かな流れとなることになぞらえて、フランスの心理学者ピエール・ジャネが名づけた心理学用語です。やるべきことに使う道具が、あなたの帰宅して一番長い時間を過ごしている場所にあって、手を伸ばせばすぐに着手できる状態なら、取りかかるハードルが下がります。反対に、スマホなどの誘惑になりそうなものは、物理的に遠ざけておいたり、鍵のかかる場所にしまうことが大事です。

✕ 時間管理できない例

語学学習は継続なり。
気合いだ！

✕ 精神論だけに頼っている

○ 時間管理できる例

物理的に近くにテキストとダンベルがあれば少しのやる気でも着手しやすいよね。

○ 玄関に（玄関に英単語帳）
○ トイレに
○ 風呂に

手に届く場所だとやる気が少なくてもやれる

やりかけのレポートの
ファイルは開きっぱなし

スマホなどの誘惑は
タイムロッキングコン
テナへ！

辞書もパソコンも教材も
リビングに出しっぱなし

帰宅後どのような動線で動いていますか？

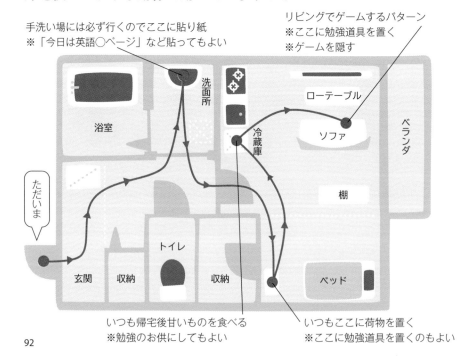

手洗い場には必ず行くのでここに貼り紙
※「今日は英語○ページ」など貼ってもよい

リビングでゲームするパターン
※ここに勉強道具を置く
※ゲームを隠す

ただいま

洗面所

浴室

ローテーブル

ソファ

ベランダ

冷蔵庫

棚

玄関

収納

トイレ

収納

ベッド

いつも帰宅後甘いものを食べる
※勉強のお供にしてもよい

いつもここに荷物を置く
※ここに勉強道具を置くのもよい

その他やる気が出ないときの作戦

●場所スイッチ作戦

　勉強する場所を変えてみるのは効果的です。意外な場所にもトライしてみましょう。

```
□ チェストをスタンディングデスク風に
□ 寝転がってもよし
□ 電車で
□ 公園で
□ 空き教室で
□ カフェで
□ 風呂で（！）
```

レポートをする気にならないからとりあえず YouTube で効果的なレポートのまとめ方動画を見ようっと。

●スモールステップ作戦

　心理学では、スモールステップの原理は非常に重視されています。ある目標に対して、一気に到達を目指すのではなく、課題を小分けにして少しずつ確実に達成させることで、「できるんだ」という自己効力感を高めながら、取り組むことができます。こうすることで途中で挫折せず最後までやる気を継続できるのです。

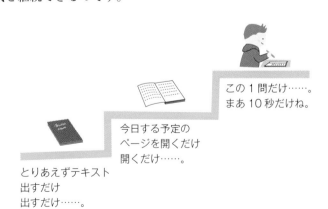

とりあえずテキスト
出すだけ
出すだけ……。

今日する予定の
ページを開くだけ
開くだけ……。

この 1 問だけ……。
まあ 10 秒だけね。

自分で自分のごほうびを設定する

自己報酬マネジメント

やるべきこと（勉強など）をし終えた後のごほうびを設定しましょう。

✕ 時間管理できない例

> 勉強ぐらいやって当たり前。ごほうびなんてなくていい。

そう言いながらも
今までできなかったことを
思い出そう

○ 時間管理できる例

> じゃ、プロテイン！　高いやつがずっと欲しかったんだ！

【ごほうびの例】
おやつ、撮っておいたビデオ
SNS、友達に会う

ごほうびの見える化

　ごほうびは、具体的に、できれば視覚化してニンジンをぶら下げると効果的です。達成できた日にはカレンダーにシールを貼るとか、英語の勉強時間をグラフにしてみるのもおすすめです。10段階の「ごほうびシール」を買ってみるのもよいでしょう。

✕ 時間管理できない例

> 語学レベルがアップしたって自分が一番分かるからそれが「ごほうび」でいいよ。あとは何か美味しいものでも食べよう。

✕　理念的／観念的すぎる
✕　曖昧

○ 時間管理できる例

> ちょうどうどんチェーン店で季節のかきあげうどんが限定メニューで出ていて気になっていたんだ。980円。

○　具体的
○　ちょっと贅沢

ごほうびは遅れるな──わんこそば作戦

　ごほうびは、わんこそばのように間髪を入れずに出てくると効果的です。

× 時間管理できない例

語学学習が１カ月続いたら、レストランで美味しいものを食べようかな。

○ 時間管理できる例

１つ達成したら、１つチョコを食べてOK。

× 遠すぎる　　　　　　　　　○ 間髪を入れず

　心理学では、ごほうびを報酬と呼んでいて、ある望ましい行動が生起したら、その60秒以内に報酬が与えられることで、その行動が強化されるといわれています。反対に報酬が遅延するほど、やる気を失うことが分かっています。

よくあるごほうびの例

- 録画しておいたテレビ番組を見る
- おやつを食べる
- 丁寧にハンドクリームをつける
- バイクに乗る
- 釣りに行く

- 温泉に入る
- コーヒーを飲む
- 買っておいた本を読む
- 友達にLINEする
- SNSを見る

　飽きっぽいのは性格？——報酬遅延勾配とは

　皆さんは、小学生の頃、夏休みの宿題をどのようにしていましたか？

　早々と完成させるタイプ、最終日に泣きを見るタイプ、毎日コツコツ少しずつ取り組むタイプ、計算問題のようにサッと終わるものだけ終わらせて工作のような時間のかかるものや朝顔の観察日記のようなコツコツ取り組まなければならないものを後回しにするタイプなど、さまざまでしょう。中には、締め切りを踏み倒してそのまま提出を免れていたという人もいるかもしれません。

　このタイプの違いには、脳の報酬系の特性も影響しています。ここでは特に「計算問題のようにサッと終わるものだけ終わらせて工作のような時間のかかるものや朝顔の観察日記のようなコツコツ取り組まなければならないものを後回しにするタイプ」に注目してみます。

　このタイプの人は、「すぐに結果を求める傾向」にあります。計算問題のように比較的短時間に課題が終われば、「終わった！」という達成感や解放感といったごほうびがすぐに味わえます。これに比べて工作や観察日記は数時間から数十日後にしかごほうびが味わえません。その間は耐えてコツコツ頑張らなければならない課題と言えます。このごほうびが時間的に早くもらえるのか、遅れるのかでやる気が左右されるのです。このごほうびが遠くなるほどやる気が失せる傾向は「報酬遅延勾配」と呼ばれています。脳の報酬系が即時的な報酬がもらえることが分かっていないと活性化しにくく、それでやる気が出ないのです。報酬遅延勾配は一般的に誰にでも見られる傾向ですが、中でもこの勾配が急なタイプの人が、いわゆる「飽きっぽい」「コツコツ頑張れない」タイプと言えます。飽きっぽくて課題を途中で投げ出してしまったり、いくつも工程のある複雑な課題を先延ばしにしたりするのは脳の特性のためです。特に日本では「コツコツ頑張る」のが美徳とされる風潮も多くありますから、このようなタイプの方は苦労してきたかもしれません。

それでは、報酬遅延勾配が急な人は、どのようにしてやりたくないことにやる気を出せばよいのでしょう。脳の特性自体は変えられませんので、課題の方を変えます。具体的には、やりたくないその課題を10分単位の課題に細かく分けるのです。3時間はかかりそうなうんざりする工作課題も、「じゃあ最初に画用紙を出してみて」「お、出したね。うまくできたね。次はハサミを出してごらん」と、短いスパンの課題に変えて、その都度「できた」「よし、完成に近づいている」という手応えを感じられればそれが報酬になります。「10分単位の課題が終わったら、チョコを1粒食べる」といった感じで、自分でごほうびを設定するのも有効です。このように「時間」で課題を小さな単位に区切る以外にも、「この場所だけ掃除する」のようにエリアで区切る方法、「5個だけ捨てる」のように「個数」で区切る方法もあります。

　まとめると、

- 時間（例：10分）で区切る
- エリアで区切る
- 個数で区切る

とよいでしょう。

　また、朝顔の観察日記のように、毎日続けなければならない課題に関しては、その課題ができた日（例：朝顔の観察日記を書けた日）にはカレンダーに丸印を書いたりシールを貼ったりするのはいかがでしょうか。夏休みが終了する40日後に「できた！」という達成感のごほうびがあるよりも、少しずつ丸印やシールが溜まっていくのが視覚化されていくとそのプロセスもごほうびになるのです。ご自身の報酬遅延勾配とうまく付き合っていく方法を探ってみてください。

② 注意持続訓練の進め方

集中が続かない人のための治療では、「注意持続訓練」が使われています。ひとりでもできる簡単な方法ですので、挑戦してみましょう！

注意持続訓練の手順

1. メモ帳を用意しましょう。
2. タイマー（もしくは「スマやめ」アプリ）を集中できる時間にセットします（集中できる時間を長くしたければ、少しだけ長めに）。
3. その時間で終わる課題を準備して始めます。
4. 課題と関係のないことが頭の中に浮かんできたら、それをメモ帳に書いて、「後で考えよう」「優先順位は低い」などと考えるようにします。
5. 課題に戻ってタイマーが鳴るまで続けます。

集中できる時間に応じて、課題を細かく分けることが必要です。やりたくない課題や、退屈な課題に取り組むときに注意持続訓練を行いましょう。

第 **5** 章

試験勉強編

▼ 時間管理に関する技法 ▼

- 試験勉強の計画立て
- 効果的な休憩の取り方

① 試験に向けて計画的に 勉強できないのはなぜか？

　試験勉強の計画を立てて、そのとおりに実行できる人は少数派です。なぜうまくいかないのでしょう。どのプロセスでつまずいているかを分析しましょう。この章では、それぞれの対策も紹介します。

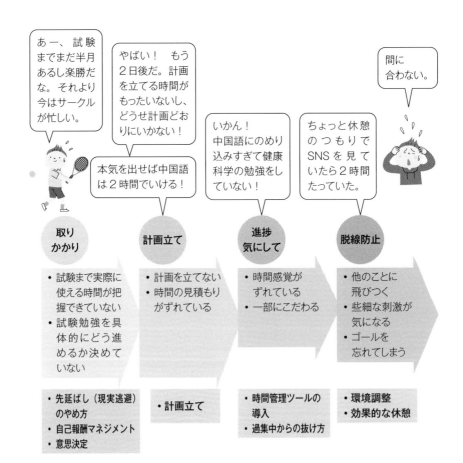

実行機能モデル（Zelazoら, 1997）でプロセスを分析

試験に向けて計画的に勉強できないのはなぜか？

　試験勉強が計画的に行えないのは、なぜなのでしょう。ここでは４つの理由に沿って対策を講じていきます。

1. 試験の全体像が見えにくい

2. まだまだ時間があると錯覚する

3. スマホなどの誘惑に負ける

4. 自己評価が高すぎ

　次節で上記の４つについて１つずつ取り上げ、その対策を解説します。

② 試験勉強の計画立て

1. 試験の全体像が見えにくい

　いろんな科目の試験が数週間にわたって行われるため、実際のところどのぐらいの量の勉強をすべきか全体像が把握できていない可能性もあります。

たぶんそんなにたいした量じゃないよ。

対策 STEP1
試験の出る範囲の教科書やプリントを全出ししよう

　試験範囲の教科書もノートもプリントも全部並べてみましょう。物理的に量を把握できると実感が湧きます。

まじか……
こんなにあるの。

2. まだまだ時間があると錯覚する

　試験まであと1週間ある場合に、「まだ1週間もある。たくさん時間がある」と誤解してしまう人はたくさんいます。1日24時間×7日間=168時間も勉強できるとうっかり勘違いしてしまうのです。

対策 STEP2
試験勉強のできない時間帯を明確にする

　下の図のように今日から試験日までのスケジュール帳に、既に入っている予定（授業、バイト、食事、睡眠、風呂など）を書き入れて、試験勉強に費やせる時間を数えてみましょう。こうして視覚化すると、実際に使える時間は少ないことが分かります。

	11/29	11/30	12/1	12/2	12/3	12/4	12/5
6:00〜7:00	起床			起床		起床	
7:00〜8:00							
8:00〜9:00	学校	学校	学校	朝食		学校	学校
9:00〜12:00							
12:00〜13:00				昼食			
13:00〜17:00							
17:00〜18:00	通学	通学	通学			通学	
18:00〜19:00							通学
19:00〜20:00	夕食						
20:00〜21:00	風呂						
21:00〜24:00	寝る						

27時間しかない!!

3. スマホなどの誘惑に負ける

　試験勉強中には、誘惑がたくさんあるものです。SNSにゲーム、動画などがそうです。他にも試験勉強が苦痛すぎて、いつもなら興味のないようなものでも、「意味があることだ」「今しかできない」などともっともらしい理由をつけて試験勉強から逃避してそちらに飛びつきます。

ついつい
スマホを見るよね。

試験前って
片づけたくなるよね。

対策 STEP3
誘惑は物理的に遠ざけて、わんこそば形式で「やること」と「ごほうび」を次々に差し出す

　例えばスマホはタイムロッキングコンテナへ、もしくは自宅に置いてカフェへ。誘惑が入り込む隙間がないほど、わんこそばのように次々と自分に「やること」と「ごほうび」を交互に差し出すのです。

タイムロッキングコンテナ

4. 自己評価が高すぎ

試験勉強にどのぐらいの時間がかかるかについて、見積もりがあまりにも甘すぎることがあります。等身大の自分の実力がまだいまいちつかめていないのかもしれません。

また、いつも一夜漬けでなんとかなったというタイプの人は、いざとなれば、すごい勢いで勉強が進んでしまうような錯覚を持っていて、ギリギリになるまでやる気が出ません。

いずれにしても、自己評価が高すぎて、

あれ？ 1時間で済むはずだった英語になぜか3時間かかっている？

- 勉強計画の時間の見積もりが甘いせいで、計画がずれていく
- 勉強に手をつけるのが遅くなる

ということになります。

対策 STEP4
10〜30分単位の実測値で計画を立てる

実際にその勉強を10分間進めてみましょう。その実測値に基づいて計画を立てれば、計画がずれにくくなります。もちろん余裕を持った計画も必要です。試験科目ごとにメモパッドを使ってTo-Doリストに分解します。各科目の何ページから何ページをどのように勉強するのか具体的に書きましょう。料理のレシピのように、その勉強をしている自分の姿が映像で浮かぶぐらい、何をどのような方法で勉強するのかをイメージして書きましょう。

【各科目ごとにやることを書き出したメモパッド】

健康科学　試験日　10/4
☐ p.10〜12（10分）
☐ p.13〜16（20分）
☐ p.17〜20（20分）

英語　試験日　10/7
☐ p.12〜16 単語確認（10分）
☐ 文法チェック（10分）
☐ p.17〜22 単語確認（20分）
　 問題集 p.15〜30（30分）

心理学　　試験日　10/9
☐ p.12〜20 マーカーを引く（10分）
☐ p.22〜37 マーカーを引く（10分）
☐ マーカー部分暗記書く（20分）
☐ 穴埋めプリントを解く（20分）
☐ 間違えた問題の解説を読む（20分）
☐ 間違えたところを暗記（10分）

　さて、このとおり各科目の To-Do リストができました。

　しかし、これらを「いつ」するのかを決めていません。また、皆さんは試験勉強の他にもたくさんのやることを抱えているでしょう。授業に実習にインターン、アルバイトにサークルに……大学生も忙しいのです。全ての時間を試験勉強だけに費やすことはできません。

　次のページからは、すでにある予定と、試験勉強をどのように両立させてスケジュール立てをしていくかを解説します。

●ガントチャートの書き方

　ガントチャートは1カ月という長いスパンでの予定を把握するものです。横軸は日付です。全体のスケジュールがうまく進行しているかを見ることができます。以下の例では、2日から9日までに省略していますが、実際には1カ月でいうと1日から31日までの横軸が続いていると考えてください。

1. 試験科目名を書きます。
2. 終日の予定がある日には記入しておきます。
3. 各科目の試験日を赤の縦線で記入します。

ガントチャート

	2	3	4	5	6	7	8	9
健康科学		アルバイト		￤	アルバイト			
英語		アルバイト			アルバイト	￤		
心理学		アルバイト			アルバイト			￤

　これでどの科目が迫っているのか一目瞭然です。

●週間バーティカルの書き方

　週間バーティカルは、縦に時間軸の走っているスケジュール管理ツールです。用事のない時間帯は空白になることや、各用事の長さが視覚的に分かりやすいのが特徴です。

1. 既に入っている用事の開始時間と終了時間を矢印で結びます。
2. 終了時間が読めない用事についても予測したり、「何時には帰ります」と相手に伝えるなどして、時間のコントロールを持つようにしましょう。

週間バーティカル

	2	3	4	5	6
9:00		アルバイト		授業 ↕	アルバイト
10:00		アルバイト		友達と約束	アルバイト
11:00	授業 ↕	アルバイト		↓	アルバイト
12:00		アルバイト	授業	↓	アルバイト
13:00	授業 ↕	アルバイト			アルバイト
14:00		アルバイト			アルバイト
15:00	郵便局 ↕	アルバイト	↓		アルバイト

● ガントチャートと週間バーティカルの活用

　各科目の To-Do をガントチャートの締め切りの近いものを優先して、週間バーティカルの空白時間に予定として入れていきます。ガントチャートには、その日に行うタスクを書き写し、進捗状況を視覚化します。

ガントチャート

	2	3	4	5	6	7	8	9
健康科学	全部	アルバイト			アルバイト			
英語	全部							
心理学			マーカー 穴埋め 解説	暗記				

週間バーティカル

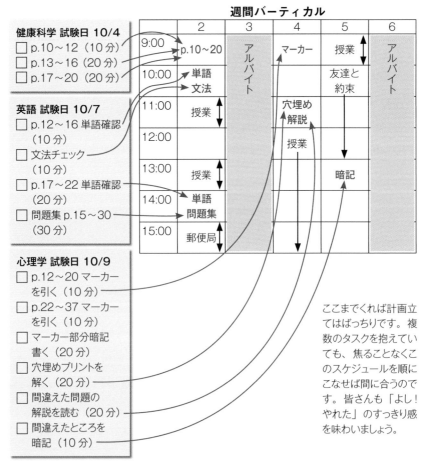

健康科学 試験日 10/4
- ☐ p.10～12（10分）
- ☐ p.13～16（20分）
- ☐ p.17～20（20分）

英語 試験日 10/7
- ☐ p.12～16 単語確認（10分）
- ☐ 文法チェック（10分）
- ☐ p.17～22 単語確認（20分）
- ☐ 問題集 p.15～30（30分）

心理学 試験日 10/9
- ☐ p.12～20 マーカーを引く（10分）
- ☐ p.22～37 マーカーを引く（10分）
- ☐ マーカー部分暗記書く（20分）
- ☐ 穴埋めプリントを解く（20分）
- ☐ 間違えた問題の解説を読む（20分）
- ☐ 間違えたところを暗記（10分）

	2	3	4	5	6
9:00	p.10～20	アルバイト	マーカー	授業	アルバイト
10:00	単語 文法			友達と約束	
11:00	授業		穴埋め解説		
12:00			授業		
13:00	授業			暗記	
14:00	単語 問題集				
15:00	郵便局				

ここまでくれば計画立てはばっちりです。複数のタスクを抱えていても、焦ることなくこのスケジュールを順にこなせば間に合うのです。皆さんも「よし！やれた」のすっきり感を味わいましょう。

**計画を立てたものの計画どおりにしたくない
あまのじゃくが発動した場合にどうするか**

　せっかく本書で立てた緻密な計画も、いざその日になると謎の「あまの
じゃく」が発動してしまって、「どうしてもしたくない！　従いたくな
い！」ということもあるでしょう。ここでは、そうしたときの「あまのじ
ゃく対策」をご紹介します。

1．ストーリーの結末を破局的にイメージする方法

　「もしこの計画に従わず、この課題をしなかったとしたら、その結果ど
んなことが起こる？　その時、自分はどんな気持ちになる？」

　計画をまるっと無視した未来の自分の様子をできるだけオーバーに、な
るべく極端に想像してもらいます。

　「もしこのまま今日レポートに手をつけなかったら、明日やる分が増え
る。そしたら明日の計画もずれ込んでいって、計画どおりにいかないだろ
う。レポートの締め切りに間に合わなかったら単位は間違いなくもらえな
い。今期の単位を全部落とせば進級できない。同級生たちが先に卒業して
いくことになって、残された自分は遊ぶ友達もなく、後輩と一緒に実習に
行く羽目になる。下手すれば卒業できないかもしれない……」

　こんな悲惨な未来まで想像すれば、さすがに現実化しないだろうと思い
ながらも、「計画どおりやろうかな」と少しは思えるでしょうか。人は自
分の恐れているものについては、なるべく考えないようにしたいもので
す。これを認知的回避といいます。頭の中の思考や想像をいったん止めて
しまうのです。考えるだけでもつらいことだからです。

　反対に、「計画どおりに取りかかることができたら、結果どうなりそう
か？」についても想像していきましょう。叶えたい夢ほど、明確にイメー
ジすることで実現に近づくのも確かです。

　「計画どおりに進められたら、ものすごい満足感だろうな。自分に自信
を持つことができそう。すっきりした気持ちで過ごせそう」

さあ、両方のイメージが出そろいました。あなたは、どちらの未来を選びますか？　どちらの気持ちを味わいたいでしょうか？　あなたは自由に選べます。

2. あえて禁止令を出す方法

　「計画どおりにレポートをしてはいけない。絶対にするな」

　そんな指令を受けたとしましょう。いざレポートを作成することを禁止されたら、「そんなことをしたら、単位がもらえないじゃないか！」と言い返したくなるかもしれません。その気持ちを利用するのです。あえて数日禁止にしてみてください。しかもわざとレポートに必要な本やパソコンを目につく場所に置いておくといいでしょう。目の前にあるにもかかわらず禁止されていると反対に心配になったり、隙を見て取りかかってやれ、なんて反逆精神が湧いてきたりするかもしれません。そんな時こそ、レポートのスタートどきなのです。

3. その日の To-Do を並べて選択肢にして好きな順番で実行してもらう

　あまのじゃくさんは、もしかすると一方的に指示されるのが嫌なのかもしれません。そうであれば、その日のいろいろな時間帯に組まれているTo-Doリストを選択肢として提示するのはいかがでしょう。今は9時だとします。そのときに「従来の計画ではタスクAをする予定だったけれど、10時からのタスクBか、14時からのタスクCの三択の中から今の気分に一番近いタスクを選んでいいよ」と提示するわけです。あまのじゃくな自分も、「選んでいいよ」と言われると多少気分を良くして選んで、取りかかってくれるかもしれません。私たちにだって、その時の気分がありますからね。順番は変えてもいいのです。

　いかがでしょうか？　もちろん寝不足で取り組むエネルギーがないときには先に寝てくださいね。

③ 効果的な休憩の取り方

　一般的に、人の集中力は 90 分間といわれています。

　90 分間に 10 分間程度の休憩は、勉強効率を高めます。休憩に何をするかは大事です。

　大学生から寄せられる悩みに「休憩のつもりでゲームを始めたら、いつの間にか 2 時間もやっていて、試験勉強が間に合わなくなった」という、**やめられない休憩**が挙げられます。これでは脱線しっぱなしですね。

　切り上げやすい休憩について少しだけ紹介します。

✕ 効果的ではない休憩の取り方　　○ 効果的な休憩の取り方

よーし！
休憩にゲームだ！

録画していたドラマの
前半 15 分を見ようっと。

休憩中にきりが悪い活動は不向き　　終わりのあるものがよい

✕ 動画サイト
　（次々におすすめされる）
✕ SNS
✕ ネットサーフィン
✕ ライブ視聴

○ 10 分タイマーをかけてアイマスク
○ 背伸びして窓の外を眺める
○ ストレッチ
○ お茶する

実践者の例

　以下の図は、この章の対策を踏まえて作った試験前の日程表です。

　この方は、ごほうびが「スマホで YouTube を見ること」と「漫画を読むこと」でした。大学から帰宅すると、もう疲れているので、①30分以内の動画を1つだけ見てよいことにしています。それが終わると②夕食です。食後は眠くなって勉強どころではなくなるため、すぐに③風呂に入ることにしました。ここでいったん眠気が覚めるので、すっきりしたところで④勉強開始という作戦です。⑤勉強が終わったら、30分で読み切れる量（1話分など）の漫画をごほうびにしました。大学生にしては寝るのが早い方ですが、たくさん寝ると大学の空きコマや休み時間を使って試験勉強が捗るため、そこで頑張っていただきました。

　休日には家だとダラダラしてしまうので、スタバで勉強することにしました。最初はご本人は「午前も午後もスタバに行くなんて贅沢」とおっしゃいましたが、「試験前だけならいいのではないか、そのぶん頑張ろうという気になるかもしれない」と考え直していただきました。実際スタバに行くと試験勉強をしている大学生が他にもたくさんいて、熱心に取り組めたようです。

	月	火	水	木	金	土	日
6:00	起床	起床	起床	起床	起床		
7:00						起床	起床
8:00	大学	大学	大学	大学	大学	朝食	朝食
9:00	大学	大学	大学	大学	大学	スタバで勉強	スタバで勉強
10:00	大学	大学	大学	大学	大学	スタバで勉強	スタバで勉強
11:00	大学	大学	大学	大学	大学	スタバで勉強	スタバで勉強
12:00	大学	大学	大学	大学	大学	昼食	昼食
13:00	大学	大学	大学	大学	大学		
14:00	大学	大学	大学	大学	大学		
15:00	大学	大学	大学	大学	大学	スタバで勉強	スタバで勉強
16:00	大学	大学	大学	大学	大学	スタバで勉強	スタバで勉強
17:00	通学	大学	通学	大学	通学		
18:00	①動画	通学	①動画	通学	①動画	夕食	夕食
19:00	②夕食	①動画	②夕食	①動画	②夕食		
20:00	③風呂	②夕食	③風呂	②夕食	③風呂		
21:00	④勉強	③風呂	④勉強	③風呂	④勉強		
22:00	⑤漫画	④勉強	⑤漫画	④勉強	⑤漫画		
23:00	寝る	⑤漫画	寝る	⑤漫画	寝る		
24:00	寝る	寝る	寝る	寝る	寝る		

第 6 章

レポート編

▼ 時間管理に関する技法 ▼

- 制限期間内に終わる方法を決める（問題解決技法）
- ひとりよがり注意報
- ゴールデンタイムの活用

① レポートが間に合わないのは なぜか？

　レポートを期限までに完成させるのは、試験勉強を計画的に進めることよりも難易度は高いと言えます。というのも、試験勉強はある程度の範囲と、系統立てられている教科書などが存在しますし、「終わり」も比較的明確ですので、その道筋に沿ってゴールに向かって進めていくことができます。一方で、レポート作成は、自分でゴールや道筋を作っていくことが求められます。つまり自由度が高すぎるため、苦手とする人が多いのです。

　以下の図は、レポートが期限までに間に合わない大学生の例です。

> 締め切り間際にばーっとやればいいや。ゲームでもしよう。

> 前日だ。えーっと何を書くんだっけ。時間ないけど自分のこだわりを出そう！

> レポートってやり始めると意外にハマる。ここはもっと丁寧に調べなきゃ。

> ちょっと休憩のつもりで見た動画に2時間！

> なぜか間に合わない。挙げ句、先生からは低評価。

評価 **C**

取りかかり	計画立て	進捗気にして	脱線防止
• ギリギリのスリルで先延ばし • レポートをどう進めるか考えていない	• ひとりよがりで壮大な計画立て • 時間の見積もりがずれている	• 時間感覚がずれている • 時計を見ない • 作業進捗に応じて方法を変更しない	• 他のことに飛びつく • 些細な刺激が気になる • ゴールを忘れてしまう
• 先延ばし（現実逃避）のやめ方 • 自己報酬マネジメント • 意思決定	• 計画立て	• 時間管理ツールの導入 • 過集中からの抜け方	• 環境調整 • 記憶の保持

実行機能モデル（Zelazoら, 1997）でプロセスを分析

❷ ひとりよがり注意報

　レポートが間に合わない理由の大きな一つは、「計画立て」の中でもゴールの設定にあります。試験勉強とレポートの大きな違いは、「ゴール設定」にあります。試験勉強は範囲が明確に決まっていて、ゴールは一つです。これに対して、レポートは、与えられたテーマに向けてどのような手段をとるか（構成や結論にたどりつく手法が文献研究なのか、調査や実験なのかなど）については、学生に任せられていることもあり、ゴールの自由度が高いと言えます。そのため、レポートに取りかかる際には、「このレポートで求められているゴールは何だろう？」と先生の意図を正しく捉える力が必要です。これは社会人になるとますます必要とされる力ですので、今のうちに身につけておきましょう。下の図は p.70 にも登場したものですが、レポート課題においても、ひとりよがりなゴールを設定してしまうと、提出期限までに間に合わなくなりますので注意が必要です。

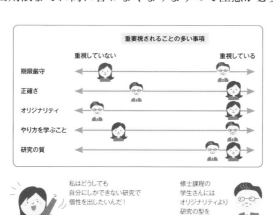

重要視されることの多い事項

	重視していない		重視している
期限厳守			
正確さ			
オリジナリティ			
やり方を学ぶこと			
研究の質			

私はどうしても
自分にしかできない研究で
個性を出したいんだ！

大学院生

修士課程の
学生さんには
オリジナリティより
研究の型を
学んでほしい。

指導教官

③ 制限期間内に終わる方法を決める（問題解決技法）

　皆さんの中には、「レポートでも何でも、自分なりにさぼらず頑張っているんだけど、なぜか人より遅い」という方はいませんか？　大学生だけでなく、社会人になっても、なぜか仕事が遅い人はいます。こうした相談に乗るときに私たちは、可能な限りレポートや仕事に取り組む様子を観察したり、実際にどのような思考回路や作業手順で進めるかを細かく尋ねたりします。そうすると、あることが分かりました。仕事が遅い人は、努力が足りないのではなく、どうも「やり方」が間違っているようなのです。時間に余裕のあるときと、期限が差し迫ったときでは、仕事のやり方を見直す必要があるでしょう。時間も労力も有限だからです。しかし仕事が遅い人は、いつでも同じやり方を用いがちなのです。「頑張って急げばなんとかなる！」という希望的観測のもと、頑張ってしまうのです。

　「やり方」を決めるためには、「このレポートで求められていることはこれだ」「ここは外してはだめなポイントだ」「逆にここを押さえておけば大丈夫」「だいたいこういうゴールになるだろう」といった要点や完成形のイメージを持つことが大切になります。ここを外してしまうと、的外れなやり方を選んでしまい、ゴールにたどりつけません。

　ここではこのレポートの「やり方」「要点の見極め方」「ゴール設定」について、どのようにして決定すべきかについて学んでいきましょう。

相手のゴールイメージを正しく汲みとった計画立て（カレー編）

もしもあなたが「1時間以内にカレーを作る」という課題を与えられたら、どんな方法で取り組みますか。

- 提出期限を確認します。他のタスクはないものとして、カレー作りの所要時間は1時間ですね。材料の調達から時間に含めるのか、盛りつけまでは含めないのか、具体的に確かめるとよいでしょう。

- 課題を与えた人（ここでは先生）のゴールイメージを尋ねましょう。できれば、カレーの見本写真やレシピ本といった具体物を見せながら先生に確認します。案外、言葉だけではゴールイメージは共有しづらいものです。

- カレーの味、外観、栄養のバランス、オリジナリティなど、時間以外に評価されるポイントも念のため確かめるとなおよいでしょう。

第
6
章　レポート編

カレーはインド風でしょうか？

違いますね。普通の家庭用です。とにかく急いで。

どうやら先生は、味よりも「速く作る」ことを重視しているようですね。

なるべく速くカレーを作る方法のリストアップ

　1時間以内にカレーを作るためのアイデアを多く出しましょう。アイデアを出すポイントは、自由な発想で、質より量。判断は後回しでよいのです。

```
□ 例）レトルトカレーを買ってくる。
□ 例）材料の買い出しを誰かにお願いする。
□ 例）カット済みの野菜セットを使う。
□
□
□
□
□
□
```

　いかがでしょうか？　1時間以内にカレーを作れそうですか？　レポート課題が出たらすぐに、このワークのように、「先生が何を重視するのかな？」「ではそのためにどのような方法がとれるかな？」と考えるようにしましょう。この「すぐに」が大事です。「締め切りまでまだ時間があるから後で考えよう」と先延ばしにすると、先生にその場でゴールイメージを聞けないからです。また、同じ授業を受けている仲間と「あのレポートって、結局こういうことを求めているんだよね？」「こう書けばいいんだよね？」と確認し合うのもよいでしょう。課題が出たらすぐにその課題に取り組んでいる自分をありありとイメージして方法を決めましょう。

このワークのポイント

　先生の完成イメージは「とにかく急いで」という言葉からも、<u>時間に間に合うこと</u>が最優先のようです。美味しく作る方法ではなく、時短に関するアイデアをたくさん出すとうまくいきます。例えば、材料は何を用いるといい？　買い物の時短は？　お米は炊く？　煮込む方法は？　といったことから時短につながる方法を考えてみるのです。

レポートのコツ

どの手順も省略できない気がしたら

- 誰かに相談できるか？
- 過去のレポート課題が応用できないか？
- 詳しい人に聞けないか？
- 完璧を目指しすぎていないか？
- 期限の延期を相談すべきか？
- 量を減らせないか？

レポートのコツ

アイデアが浮かばない場合には

　課題の中には決められた手順以外のやり方を許されないものもあるため、なかなかアイデアが出てこないかもしれません。集中力ややる気を増す方法や締め切り延長や到達度の調整などを試みるとよいでしょう。

手順ごとに所要時間を見積もり、1時間でできるか確認

　1時間でカレーの材料の買い物から仕上げまで行うための手順を書き出し、それぞれの作業工程の所要時間を見積もってみましょう。

---

①材料の買い出し　　　　　　　　　| 所要時間　　分 |

☐ 例）渋滞を避けて、自転車で買いに行く。
☐
☐
☐
☐
☐

②材料をカットする　　　　　　　　| 所要時間　　分 |

☐ 例）カット済み野菜を袋から出す。
☐
☐
☐
☐
☐

③材料を炒める　　　　　　　　　　| 所要時間　　分 |

☐ 例）火の通りにくい野菜を電子レンジでチンする。
☐
☐
☐
☐
☐

④煮込み味つけする　　　　　　　　| 所要時間　　分 |

☐ 例）圧力鍋で煮込む。
☐
☐
☐
☐
☐

このワークのポイント

　最初に作業工程を大まかに決めて所要時間を決定します。その後に、細かい手順を書くと、全体像を把握しやすくバランスのよい計画が立てられます。

レポートのコツ

初めての課題なのでどのくらい時間がかかるか分からない

　初めて取り組む課題の場合には、時間の見積もりが不正確になりがちです。ためしに10分だけしてみることで、おおよその目安がつきやすくなります。また、経験者に聞いておかないと気づきにくい隠れたステップも時々あるので注意が必要です。

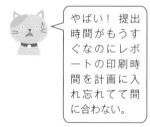

制限時間内に課題を仕上げるポイント

☑ **急いですることより、方法の選択が大事**

急ぐのには限界がありますし、ミスを多発する危険があります。先に方法をじっくり選びましょう。

☑ **「柔らか頭」で方法を決めよう**

誰しも、戦法にクセがあるものです。先生や友達に相談すれば視野が広がるでしょう。

カレーを時短でゲットするってだけなら
フードデリバリーサービス（Uber Eats
など）でもいいし、近所の人で昨日カレ
ーを作って余った人に分けてもらっても
いい。

豆知識　スケジュール帳も持たずに計画立てが上手な人もいるのに、どうして自分はわざわざ計画を立てないといけないのだろう──実行機能とは

　本書で紹介している計画立て（時間管理）のスキルについて、皆さんはどういう印象を持っていますか？　周りの友達や家族を見ると、いちいちスケジュール帳に To-Do リストなど書かなくても、特に意識することもなく自然にタスクをこなせているように見えませんか？　そんな中、どうして自分だけがこんなに時間管理につまずき、面倒なことをしなければならないのかと疑問に思っているかもしれません。

　時間管理は、実は脳の最も高度な機能（働き）で、前頭前野の複数の部分を組み合わせて行われる実行機能によって達成されるものです。この前頭前野は生まれてすぐには未成熟な状態です。赤ちゃんに計画立てはできませんよね。その後、脳はいろいろな経験を積みながら、学習し、脳自体も身体の他の器官と同じように成熟していきます。これが成人期早期（諸説ありますが、だいたい30代前半ぐらい）まで行われます。例えば小学生が夏休みの宿題を放置しすぎて最終日に泣きべそをかく経験をしたら、翌年からはもう少し違った取り組みをするでしょう。試験前にゲームがしたくなって勉強を放り投げたところ、結局もやもやしたままゲームが楽しめず、勉強も間に合わず散々な成績になってしまったら、次の試験のときにはゲームとの付き合い方を変えるかもしれません。このように、経験をもとに「もう少し早く取りかかればいいんだな」「夏休みの宿題には自分は1日10分みておくといいんだな」「ゲームという誘惑にはブレーキを引こう」などと学習して、時間管理が上手になっていくのです。

　しかし、時間管理が苦手なタイプの人は──まだよく分かっていないのですが──なんらかの理由で経験からうまく学習できなかったため、実行機能に関わる脳の成熟がちょっと間に合っていないのです。そこで、経験からうまく学習できるように工夫したのが本書です。これまでは「頑張ってコツコツ宿題に取り組まないといけないよ」と精神論だけで指示される

のではやる気が起きなかったり、圧倒されたりしていたかもしれません。しかし本書では、「自分が集中できる分の課題を、タイマーをかけてやってみよう」とか「もっと脳が欲しがるごほうびをこまめに設定しよう」といったアプローチをして、あなたの脳が学びやすい刺激に変えられるようにしています。決してあなたの脳がサボっていたわけでも、おかしいわけでもありません。これまであなたの脳が反応しやすい刺激（経験）がなかっただけかもしれません。時間管理に関連する実行機能を鍛えるのは今からでも遅くありません。一緒にやっていきましょう。

④ ゴールデンタイムの活用

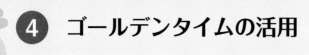

　あなたは朝型、中間型、夜型のどれだと思いますか？　「集中力のピーク」を「ゴールデンタイム」と名づけて、自分は何時頃がゴールデンタイムなのかを探りましょう。ゴールデンタイムに最適なタスクと、そうでないときに最適なタスクを振り分けて配置すると、スムーズに取り組めます。

> ゴールデンタイムは＿＿＿＿時〜＿＿＿＿時頃です。

- ゴールデンタイムに最適なタスクは、一般的には熟考を要する難しい課題、ミスの許されない課題です。

例：レポート、資料を読む、予習をする、就職活動の資料を作る

> 集中できない時間帯は＿＿＿＿時〜＿＿＿＿時頃です。

- 集中できない時間帯に最適なタスクは、慣れた単純作業です。
- 眠気の強い時間帯には、ミーティングや、肉体労働系のバイト、掃除、段ボールの処分、銀行回り、買い物、サークル活動などの体を動かすタスクが向いています。

事例　私のことを誰も認めてくれないと憤慨するEさん

　Eさん（仮名・架空の人物）は、大学3年生です。高校生の頃から哲学を学びたいと熱心に勉強して第一志望の大学に入りました。

　入学後のEさんは憧れの先生の授業を受けて、大はりきりです。レポート課題には当然熱が入りました。Eさんは時間をかけてじっくり取り組みました。たくさんの書籍を読んで、壮大な構成にしました。読み慣れない英語の文献にもチャレンジしました。そのため、思ったより時間がかかってしまいました。

　「このままじゃ間に合わないかも。でも先生ならきっとこの深さを分かってくれるはず」

　そう信じて、熱心に文献を読み進めました。次々に参考になりそうな文献が出てきて、Eさん自身もどう着地してよいか分からなくなってきていました。しかし、ここでやめるわけにはいきません。Eさんは徹夜で文献を読みあさりました。

　レポート提出当日。

　Eさんは締め切りの17時までに教授にメールで送付しなければなりません。しかし、16時を過ぎてもなかなかレポートの形にまとまりません。あれほどたくさん読んだ文献も、焦りすぎてどの文献がどんなことを言っていたか分からなくなってしまいました。

　「私が相当に努力をしたことだけは教授に伝えよう。そしたら分かってくれるはずだ。きっと期限を延期してくれるだろう」と思い、教授にレポートが遅れる旨のメールをしたEさんでした。

　しかし教授から返ってきたのは、「受講生は公平に扱う必要があるので、個別な事情は考慮できない」という冷たい返事でした。

　Eさんは、がっかりして、憤慨しました。

　「どうして誰も私の努力やすごさを分かってくれないのだろう！　世の中、間違ってる」

　皆さんはEさんの気持ちが分かりますか？　どうしたらEさんの努力は正しく報われるでしょうか？　この章で学んだ「やり方」の選択や「ゴールイメージ」の共有がキーワードになりそうですね。

第 7 章

就職活動や進路に関すること

▼ 時間管理に関する技法 ▼

- 就職活動や進路が決められない原因
- 先延ばしの克服

1 就職活動や進路が決められないのはなぜか？

　大学卒業後の進路について「こんな仕事がしたい」というビジョンはありますか？　「まだやりたいこと見つかってないしなあ」「世の中にどんな仕事があるのかよく分からないし、何に向いているか分からないし……いや、実のところ働ける自信もなくて一生大学生やっていたいんだよね」なんてことを口にする大学生は実はかなり多くいます。以下の4つのプロセスでは、就職活動自体に取りかかれない人、内定がなかなかもらえずやる気をなくしてしまう人が多いのが特徴です。あなたはどの段階でしょう。

そろそろ就職活動しなくちゃいけないんだろうけど……そもそも社会に出たくないよ。9〜17時働くなんてできるわけないし、したい仕事もない。

もうこんなに評価されない就職活動なんて嫌だ！進学しようかな……。

企業とかよく分からないけどとりあえず雑誌で見た有名な企業だけ！

エントリーシートで落ちた！私は社会から必要とされない人間なんだ。

企業研究に必要以上に時間をかける。

もう嫌だ。

取りかかり	計画立て	進捗気にして	脱線防止
• できない恐れから先延ばし • 実のところ、将来のことを考えるのが怖くて逃避	• 企業研究と自己分析どちらもしていないので、ミスマッチな企業にエントリー	• ペースメーカーがいない • ショックを受けすぎる • 同時並行できず	• 他のことに飛びつく • 些細な刺激が気になる • ゴールを忘れてしまう
• 先延ばし（現実逃避）のやめ方 • 自己報酬マネジメント • 意思決定	• 計画立て	• 時間管理ツールの導入 • 過集中からの抜け方	• 環境調整 • 記憶の保持

実行機能モデル（Zelazoら, 1997）でプロセスを分析

就職活動や進路が決められないよくある理由

就職活動や進路の決定をする上でよくある悩みと、大学内で利用できそうな資源、解決策をまとめました。あなたに当てはまるものはありますか？

☐ 1. 自分が仕事に求める価値観が定まっていない

☐ 2. 世の中にどのような仕事があるかまだ分かっていない

☐ 3. 自分の特性や技能でどのようなことができそうか分からない

☐ 4. 自分に向いている仕事がよく分からない

   ➡ 自己分析とキャリアに関する知識が必要。→ 学生の相談窓口に相談してみよう。企業の就職説会に参加してみよう。

☐ 5. 進路の悩みを誰にも相談しない

☐ 6. 就職活動のだいたいのスケジュールを知らない

   ➡ 就職活動に関する知識が必要。→ キャリアサポートセンターなどに相談してみよう。

☐ 7. 企業リサーチや研究室の調査に必要以上に時間をかける

   ➡ 一部に時間をかけすぎると、全体のスケジュールが間に合わなくなるよ。最初に何時間かけるのか決めてから調査しよう。

☐ 8. 授業、サークル、バイトに日々追われていていつ就職活動していいか分からない

   ➡ すきま時間の活動（p.73）を思い出してみて。

☐ 9. 採用面接に落ちると落ち込んでしばらく就職活動をやめてしまう

   ➡ 就職活動は基準に満たないから落とされるのではなく、企業とのマッチング。落ち込む必要はない。

☐ 10. この業界、業種が向いていないかもと薄々気づきながらも、就職活動の計画を変更できない

   ➡ キャリアサポートセンターの力を借りよう。

② 先延ばしの克服

　進路について考えていく方法や、相談窓口は分かっていても、「なぜか最初の一歩が踏み出せない」「いつかやろう」と先延ばしにしたくなりませんか。ここでは、先延ばしを克服するための方法を学びます。

　まずは、あなたがこれまで就職活動など進路を決めることを先延ばしにしてきた理由を選んでチェック ☑ してください。どれも当てはまらないという人は、「その他」に記入してください。次ページの「先延ばしの理由のよくある例」も参考にしてみましょう。

あなたが就職活動を先延ばしにしてきた理由リスト

☐ 1. そのうちしたい気分になったらするんだから、今はしない。

☐ 2. 最初からうまくやろう、完璧にやろうと思うので取りかかれない。

☐ 3. 嫌な思いをしそうだからしない。

☐ 4. 本当は社会で働くことに疑問を抱いているからしない。

☐ 5. 誰かに指示されることが人一倍嫌いなのでしない。

☐ 6. 今は何をする気も起こらないし、以前好きだったことさえしたくない。

☐ 7. やってすぐに結果が出ないとダメな性格なので、したくない。

☐ 8. その他（先延ばしにしてきた理由を記入しましょう）

　　（　　　　　　　　　　　　　　　　　　　　　　　　　　）

先延ばしの理由のよくある例

- 知識や経験のないことがバレるのが恥ずかしい
- 親などに反対されそう
- 自分のできなさに向き合いたくない
- 誰かに迷惑をかけそう
- 親の期待に沿える自信がない
- 親を超えられず悔しい
- 同級生やきょうだいに嫉妬
- 負けてしまう恐怖
- 落ちたら恥ずかしい

行動に移す秘訣

進路について取り組む秘訣をご紹介します。

他にも「試験勉強に取りかかるのが嫌だ」「部屋の片づけが面倒だ」といった日頃から先延ばしにしがちなことにも使えますよ。

行動に移す秘訣の6カ条

1. いつかする、ではなく何月、何日、何時にすると決める。
2. いつかやる気になったらする、ではなく、行動するとやる気が出てくる。
3. 大きな目標ではなく、10分でやれる現実的で小さな目標を。
4. ひとつ目標が達成できたらこまめにごほうびを。
5. 完璧を目指さない。
6. やる気が枯渇していたら、まず食べて寝よう。

必然性の作り方

● いろいろな必然性の作り方

- 友達、ゼミ仲間、先生、親などに期限とともに、やります宣言
- 外部日時指定系ごほうび予約（美容室、マッサージ、食事、友達と会うなど）
- 「あ、暇があるから焦らないんだな」とあえて予定を入れる
- コインパーキング作戦——あえて都会のカフェに車で行き、高いコインパーキングに車を停めて、カフェで作業をします。時間ごとに上がる駐車料金のプレッシャーで作業が捗<ruby>捗<rt>はかど</rt></ruby>ります。ネットカフェなど時間制で支払いが生じる場所で使えます
- パソコンバッテリー作戦——パソコンのバッテリーが50％以下のまま、あるいは電源コードを持たないまま、パソコン作業を外出先で行います。バッテリーが切れるのが速いか自分の作業が終わるのが速いか競争です！

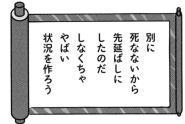

別に死なないから先延ばしにしたのだ
やばい状況を作ろうしなくちゃ

● 必然性の作り方——就活メール編

- 就活仲間に「今日中に就活メールを送る」と宣言する
- 就活仲間同士で、就活メールの送信完了画面のスクショを見せると互いに缶ジュースを奢<ruby>奢<rt>おご</rt></ruby>ってもらえるような約束事を決めて、成果を讃え合う
- ネットで就活に関する例文を検索する（例：担当者に質問するメール、自己アピールのメール）
- 敬語のテンプレート化
- メールの返事に必要な要素を箇条書きしてから、肉付けしていく（最初から完璧な文章にすることをあきらめる）

- Chat GPT にメールの文案を作ってもらう

●必然性の作り方——みんチャレ編

同じ目標の仲間がいて、励まし合いながら頑張ることができた経験はありませんか？

ひとりきりで習慣づけするのが難しいと感じている人には、同じ目標を持った人の存在は大きいものです。あなたが先延ばしにしていることは、案外、他の人も着手できずに苦労していることかもしれません（「早起きができない」「ダイエットが続かない」「○○資格の勉強が捗らない」など）。同じ目標の仲間と一緒に、毎日それをおこなった写真や記録を投稿し合う「グループ LINE」のような形式のアプリがあります。

ここにご紹介する「**みんチャレ**」は、年齢などの属性が近いチームで同じ目標を共有し、お互いに励まし合いながら習慣化を目指すスマートフォンアプリです。チャレンジを証拠として写真を送ることで達成感を共有し、これを毎日続けることで習慣化を目指します（次ページを参照）。

- あなたがチャレンジしたい行動（例：「就職活動」など）で検索
- 5人1組の同じ行動目標を持つチームが編成されます
- 匿名で参加できます。無料で試せます
- グループ LINE のようなトーク画面です
- 先延ばしにしている行動を実行した「証拠写真」を提出します
- 投稿できる写真は、24時間以内に撮影した写真のみです
- 同じグループの他のメンバーが写真に対して「OK」ボタンを押すことで承認されます
- 全員達成できるとボーナスコインがもらえます
- コインはスタンプに交換して、トーク画面で使うことができます

人に言うと恥ずかしいような「毎日お風呂に入れるようになりたい」とか「洗濯物をたたみたい」などの目標も、匿名で参加できるアプリでなら頑張りやすいかもしれません。

コメントを入力し「送信」を押す

チャレンジ写真送信時点の歩数が反映されます

チームメンバーの写真を「OK」する

「OK」されると肉球がカラフルに変化！

みんチャレ
無料で試せるアプリ

iPhone

Android

必然性の作り方——カフェ作戦

企業検索やエントリーシート作成などカフェでできる作業は多いです。

- 高額商品を頼む！—— 元を取るぐらいには勉強する気になります
- 店員にフードを勧められたら「あとで頼みますね」と返し、勉強が一段落してからごほうびとして頼む

ご一緒にフードはいかがでしょうか？

あとで頼みます。

勉強が一段落したら頼もう。

行動計画の例

　ここまで学んだ先延ばし克服のコツを踏まえて、進路に関する先延ばしを克服するための計画を立ててもらいました。

　以下に示す３つの例を参考にしてみましょう。

● 就職活動スケジュールもやり方も全くわからないＦさんの行動計画

- **いつ**：10月1日（水）23時00分〜23時05分
- **どこで**：寝る前の布団の中で
- **誰と**：ひとりで
- **何をどこまでしますか**：同じ学科の友達Ａに「就職活動とか考えてる？　いろいろ教えてほしい」とLINEをする。
- **最初の10分でどこまで**：LINEを起動して、トーク内から友達Ａを探す。
- **できたときのごほうび**：ルームスプレーを1プッシュして好きな香りで熟睡。
- **必然性の設定**：友達Ａに先にスタンプだけ送ってしまう。
- **先延ばしにしてきた理由と対策**：同級生だし、もし同じ業界を目指している場合、ライバルになる可能性もあるので聞きにくかった。→とにかく聞いてみないと分からないし、他に聞けそうな人が誰も浮かばない。

● 大学院に進学すべきか悩むＧさんの行動計画

- **いつ**：11月1日（水）12時00分〜13時30分（候補日）
- **どこで**：ファミレスで
- **誰と**：ゼミの先輩と
- **何をどこまでしますか**：ゼミの先輩で大学院1年生の先輩に進学にまつわる悩みを聞いてもらい、大学院での様子を教えてもらう。
- **最初の10分でどこまで**：自分がなぜ今日先輩に来てもらったのか、

聞きたいことを手短かに話す。

- **できたときのごほうび**：好きなスイーツを注文する。
- **必然性の設定**：今日のゼミの終わりに、先輩を呼び止めてお願いする。
- **先延ばしにしてきた理由と対策**：大学院生は忙しそうだし、上下関係や敬語が苦手だからどう相談すればいいか分からなかった。特に電話やメールは苦手。→直接会ってお願いする。

自分にどんな仕事が向いているか分からないＨさんの行動計画

- **いつ**：9月10日（水）10時30分〜10時40分
- **どこで**：2限目の授業が始まる前の休み時間に教室で
- **誰と**：ひとりで
- **何をどこまでしますか**：キャリア相談の予約の仕方をスマホで調べる。ネットで予約できそうなら、その場でやってしまう。電話や来所予約が必要なら、2限目が終わってからすぐに実行する。
- **最初の10分でどこまで**：キャリアサポートセンターのホームページを探す。
- **できたときのごほうび**：その日の昼ごはんはいつもなら贅沢で食べない食堂のささみチーズフライにする。
- **必然性の設定**：予約できる日時を調べる。
- **先延ばしにしてきた理由と対策**：就職について親とは意見が違いそうなので、考えるだけで嫌な気持ちになっていた。そのため考えること自体を避けていた。→ひとりだと逃げがちなので、専門家に聞いてもらうことにする。

行動計画

　ここまで学んだ先延ばし克服のコツを踏まえて、進路に関する先延ばしを克服するための計画を立てましょう。

行動計画

- いつ：　　　　月　　日（　）　　時　　分　～　　時　　分
- どこで：
- 誰と：
- 何をどこまでしますか：

- 最初の 10 分でどこまで：

- できたときのごほうび：

- 必然性の設定：

- 先延ばしにしてきた理由と対策：

就職活動の憂鬱：私に特技なんてないし、なんの仕事も したくない──ゴール設定

　大学３年生のＩさんは、これまで習い事も部活もバイトも長続きしたことがありません。そのため「自分には社会の役に立つ特技なんてない」と思って、就職活動が憂鬱です。そろそろ周りは動く頃ですが、どうしても一歩が踏み出せずにいます。

　Ｉさんは、よく気が利くいわゆるキラキラした友達を見てこう思っています。

　「すごいなあ。私にはどう頑張っても無理。私はいつもズレていて、気が利かないし、人にまで構っていられる余裕なんてない。ああいう人がみんなに好かれるんだ。こんな自分にうんざり」

　こんなふうに考えると、つらくて絶望的な気持ちになります。自分の嫌なところを受け入れることは、誰にとっても苦痛です。これでなかなか内定がもらえない状況になったとしたら、Ｉさんは途中で就職活動を投げ出してしまうかもしれません。

　こうしたときの乗り越え方をご紹介します。

　「もしかしたらゴール設定がそもそも間違っているのかも」

　と問いかけてみるのです。

　私たちは生まれつきいろいろな個性を持っています。生まれてからお絵描きばかりしているインドア派でおとなしい人が、「活発で太陽の下で元気に踊るチアガール」を目指すのはキャラが違いすぎます。数学が苦手で絵や詩の世界で内向的な生活を送るほうが好きな人が、会計士を目指すのは拷問です。みんなでわいわいお酒を飲むのが好きで、おおざっぱで愉快な人が、今からもの静かで控えめな人を目指すのは無理があるだけでなくもったいない気もします。こんなふうに、逆立ちしても難しいだろうというゴールがあるものです。他人のことなら私たちは客観的でいられるので、「君が向いているのはそっちじゃないよ」と言えるのです。

　しかし、自分のこととなると、誰から言われたわけでもないのに、似合

わないゴールを目指してしまうのです。なぜでしょう？

　一つは、**自分を客観的に見ることができていない**からです。自分のことになると、距離を置いて自分を見つめるのが難しくなります。欲が出てしまって、自分の生まれつき持っている個性の延長上にそのゴールがあるかどうかを判断できなくなります。

　もう一つは、**周囲の期待を背負ってしまう**ことです。親からは「大学まで行かせたのだから、良いところに就職してね」「お兄ちゃんは失敗したんだから、あなたぐらいはしっかり成功しなさい」といった期待を背負っているかもしれません。世間体が大事な人もいるでしょう。外側から見た自分で幸せを測ってきたタイプです。それで、本来向いている仕事や生き方のゴールではなく、期待に沿うようなゴールを目指してしまうのです。

　まずはゴールの設定ミスに気づきましょう。次に、自分の延長上にいて、「ああいうふうに生きられるんだな」「ああなりたいな」というモデルを探しましょう。できれば自分より年上の同性がいいと思います。タイプが似ている人を探すのがポイントです。「こうあらねば」ではなくて、「こうありたい」というモデルを探すのです。

　働く時間は長いものです。世間体だけを気にした不本意な仕事のままでは、犠牲にする時間が長すぎます。人生で自分のために自分らしく使える時間は意外に短いのです。なんとなくシンパシーを感じる、同類のにおいのする人で幸せそうな人の仕事している姿をゴールに設定するとうまくいきます。「私は一流芸能人のような特別な才能はないから、華やかなスターにはシンパシーなんて感じない」と思われるかもしれませんが、こう考えてみてはいかがでしょうか。地球上の人類を大ざっぱに６分類したとしたら、「たぶんこの人と私は同じ分類になるだろうなあ」ぐらいに思える、なんらかのシンパシーを感じる人をゴールに設定するのです。そのグループは上下のランクのようなグループというよりは「なんかあったかいグループ」とか「ギラギラグループ」ぐらいのタイプ分けに近いイメージです。そうすれば、自分の歩む道の延長上にいそうで、かつ素敵だなあというモデルを見つけることができるでしょう。

しかし、就職活動をしていく皆さんにとって、働いている自分の姿はイメージしづらく、選んだ会社の情報が非常に限られていて、どんな働き方ができるかなんて実際に入社してみないと分からないのが現状です。不確定要素の多いこうした状況でも、やはり、自分の特性をよく理解して、自分らしいゴール設定ができていれば、ある程度ブレずにいられます。

　会社に入った後もゴール設定が明確なら、「この会社のいろいろな業務の中でも、これは私に向いてるな。これはちょっと苦手だな。この会社ではこのやり方で自分らしい貢献ができそうだな」と、いわゆる「置かれた場所で咲く」方法が分かります。

　入った会社がどうにも自分に合わないと気づいたとして、その時点でゴール設定が明確なら「この会社と自分とでは方向性が明らかに違う。次を探してみよう」とか「自分と会社の方向性はずいぶん違うし、働いてみて、自分はフリーランスの方が向いていそうだ。いつか独立するためにも、あと５年ぐらい働いて組織の仕組みを覚えるために頑張ろう」などと切り替えることができるでしょう。

　適切なゴール設定は、生き方も変えます。

付録1

大学生の時間管理を支援する方のためのガイド

　本書を手に取ってくださり、ありがとうございます。

　本書は時間管理が苦手な大学生や、もうすぐ大学生になる中高生をターゲットに書きました。著者の3名が、この年齢の方々に向けて時間管理を身につけてほしいと願った理由は、青年期になってADHD（注意欠如多動症）などの発達障害を由来とする時間管理の不得意さが顕在化し、不適応に陥る方を多く見てきたからです。ADHDは不注意、多動・衝動性を主な特徴とする発達障害で、わが国におけるADHDの成人の有病率は2.09％（内山ら, 2012）です。診断を受けていないけれどもその傾向が見られる若者まで合わせると、決してまれな障害とは言えないほどたくさんいるのです。特に、女性のADHDが見逃されやすいことも分かっています。ADHD診断の性差に関して、DSM-5-TRの「性別に関連する診断的事項」の中では、「一般人口において注意欠如多動症は女性より男性に多く，小児期で2：1，成人期で1.6：1である．女性は男性よりも，主に不注意の特徴を示す傾向がある」（日本精神神経学会日本語版用語監修, 2023）と述べられており、女性においては幼少期から多動で立ち回るなどの行動としては表面化されにくく、絶えず目の前の集中すべきことではなく他のことを空想するとか、おしゃべりが止まらないといった形で表面化することが多く、大学生以降になって初めてADHDを自覚する人も多く見られます。

　大学生になるまで目立った不適応が見られない人でも、それは親御さんや先生など周囲の大人たちの熱心なフォローで成り立っていただけということも多く、「実行機能の社会的な必要に迫られる青年期～成人期に障害が顕在化」（Ramsay, 2008）するといわれています。

　大学生の支援にあたっては、「人生で初めて診断がついた」というショ

ックに加えて、アイデンティティを確立しようともがいている時期に
「ADHD」というラベルをつけられてしまう衝撃があることに配慮が必要
でしょう。「私ってADHDだから人生もうおしまいなの?」と絶望的な
気持ちになりかねないのです。診断を受けた、もしくはその傾向に気づい
てしまったからといって、一個人の全てがADHD症状というわけではな
いこと、ADHDの特性を活かしてうまくいった側面に目を向けることも
できること、誰しも多かれ少なかれいろいろな個性を持っている中の一つ
のタイプであることなどを伝えることができるとよいでしょう。しかし何
より若者を支えるのは「診断がついてもつかなくても、ありのままのあな
たが好きで、そばにいる」というメッセージであることは間違いありませ
ん。

　支援の実際では、ADHDの特性自体を0にする方向は目指しません。
なぜなら0になる確率は低く、その努力にエネルギーを費やしすぎて、そ
の人らしい人生を歩む力、魅力、夢から遠ざかることも多々あるからで
す。そのため、ADHDの特性へのアプローチは弱点克服よりも得意な部
分を伸ばす方向を目指します。その人が望む人生や方向性を阻害する特性
についてのみ、最小限の対処策を講じて乗り切れるよう支援します。

　また、支援で大切にしていることは、対処より先行して「なぜこんなに
うまくいかないのか」を自己理解していくプロセスです。周囲の大人は大
学生に対して「こうしたら遅刻しないよ」「こうしたら忘れ物をしないよ」
とたくさんの対処策を教えて本人に実行させようとするでしょう。しか
し、驚くほど本人がその対処策を取ることさえ忘れてしまい、身につかな
い様子を見てこられたかもしれません。もしくは、本人に反発されたかも
しれません。本書では、著者たちの臨床経験から、まずは本人がどのよう
につまずいたかを分析して、自己理解していくことで「納得」してもらう
ことを目指します。「なるほどね、だから遅刻してしまうのか」と自分の
ことを客観視できて初めて「だらしないから遅刻していたのだ」という自
己嫌悪の罠から抜け出せるのです。こうして自己理解が進むと、本人は対

処のセンスが身についてきます。「気合いで早起き」ではなく「目覚めたらすぐに食べたくなるほど大好きなパンを用意しよう」といった具合です。このように本人が納得しながら身につけた時間管理スキルは一生モノになるでしょう。その他にも支援者の皆様、周囲の大人の皆様（親御さんもきっと多く手に取ってくださっていると思います）に読んでほしいコツは『ADHD タイプの大人のための時間管理プログラム：スタッフマニュアル』（中島美鈴, 稲田尚子, 谷川芳江, 山下雅子, 高口恵美, 前田エミ, 2020, 星和書店）にまとめていますので、ぜひともお読みください。

　大学生のこの時期にしっかりと時間管理の土台を固めておくことで、この時期以降に訪れるかもしれない、就職、配偶者と家庭を築くこと、子どもの世話、介護、転職などのさらに負荷のかかるライフイベントをうまくやれる力を育むことができるでしょう。そして何より若者が希望を持って自分らしい人生を歩む支援になるはずです。

付録2

大学を卒業するまでに身につけたい
自立スキルチェックリスト

　本書では時間管理スキルを中心にご紹介してきましたが、実際、大学を卒業して社会に出るまでに身につけておくべきスキルは、他にもたくさんあります。金銭管理、健康管理、対人関係、安全管理、整理整頓、社会資源利用のスキルなどでしょうか。ここには、あまりに細かすぎるリスク（数万円単位の損失や治る病気や怪我など）ではなく、年単位の失敗や障害を負うなどの取り返しのつかない失敗を避けるために最低限必要なスキルをリストアップしてみました。現時点のあなたはどのぐらい身についているでしょうか？　自己点検してみましょう。また、家族や友人など身近な人からの評価も聞いてみましょう。ギャップのある項目はあるでしょうか？　なぜそのギャップが生じているのでしょう？

　あなたの目指すライフスタイル、周囲から期待される役割などに応じて、他のスキルを付け足す必要があるかもしれませんね。最後の行にいくつか空欄をもうけましたので、書き足してみましょう。卒業するまでにいくつ達成できるでしょうか。

生活全般編

【朝の場面】

1		朝、自分で決まった時間に起きる
2		充電済みスマホや財布など持ち物をそろえる
3		朝ごはんを用意して、20 分間以内に食べる
4		天気予報を見て、天候に合わせた服装や傘などの準備をする
5		洗顔、ヘアセット、メイクなど身支度を整える
6		目的地までの経路を調べ、間に合う時間に家を出る

【帰宅して寝るまで】

7		外出先から持ち帰り忘れがない（傘、上着、配布書類、教科書など）
8		レポート課題などをする必要のあることを理解している
9		レポート課題の出たことを覚えている
10		家族の助けが必要な記入書類のあることを家族に伝える
11		自分が好きなものは何かを知っていて、それをごほうびに掲げてやりたくないことを先に済ませることができる
12		10 分間で課題をどこまで進められるか感覚的に分かる
13		レポート課題を完了できる
14		進んで風呂に入る
15		0 時など適切な時間までに就寝できる（睡眠時間が 7 ～ 8 時間ほど確保できている）

【番外編】

16		1 週間から 1 カ月程度のスパンの計画立てができる
17		複数のやるべきことややりたいことに優先順位をつけて取り組める
18		優先順位がひとりよがりでなく、指導教官や就職先など相手の意向も踏まえたものになっている
19		どうしてもやるべきことにやる気を出せないときの打開策を知っている
20		もし忘れ物をすることや課題が出来ないことがあってもくよくよせず、「しくみ」が違ったのだと対策を講じる

安全・金銭管理編

【安全面】

21		帰宅したらすぐに玄関の鍵をかけて、寝るときには窓を閉めるなど戸締まりをする
22		安全な運転ができる（スピードの出しすぎや飲酒、睡眠不足での運転などで事故を起こさない）
23		外出時にエアコンやストーブやコンロの火を消すなど火の元の管理ができる
24		食料の調達ができる（作らなくてもいい、買ってくる、フードデリバリーサービスの利用、外食などもよい）
25		お酒と食べ物の適量を知る
26		食べかけのもの、飲みかけのものをそのまま室温で放置しない（腐らせない）
27		洗濯したり、クリーニングに出したりすることができて、着る服が着るタイミングで手元にある
28		季節に応じた服を着ることができる（衣替えができる）
29		印鑑、通帳、パスポート、健康保険証、マイナンバーカード、クレジットカードなどの貴重品を固定の場所に置く
30		外出先で落とし物をせず貴重品を管理できる
31		光熱費の自動引き落としの手続きをして、引き落とし日までに残高が足りている
32		初対面の人と、2人きりで車に乗らず、その人の家に行かず、人目のある場所で会う
33		どのような事情があっても、人からの金銭の要求、ビジネスの話には応じない
34		住民票の発行や引越しなどの手続き時に、区役所に1人で行って、係の人に相談できる
35		必要な場合は警察や法律の専門家（法テラスなど）に相談できる

【金銭面】		
36		欲しいものがあっても、予算の範囲で収めることができる
37		やりたいこと、会いたい人、行きたい場所があっても自分の出せるお金の範囲で我慢したり、工夫したりできる
38		人にお金を貸さない
39		銀行や郵便局でお金の引き出しや振り込みができる
40		クレジットカードについて知識を持っている
41		ライブやゲームで課金しない（無課金で楽しむ）
42		自分で稼いだお金の範囲で遊ぶ、旅行に行くなど、趣味を楽しむ
43		食費や生活費を極端に節約せずバランスよく支出できる
44		学生生活で必要な物（パソコンや教科書）が購入できるよう収支を管理する

大学生活、ネット、対人関係、医療編

【大学生活面】

45		自分にとって適切な内容と単位数の履修登録をする
46		必要な場合、授業料免除や奨学金の手続きをする
47		サークル活動を騙るカルトに巻き込まれないよう注意する
48		学内の相談窓口（学生相談、保健管理センターなど）を把握しておく
49		健康診断を受ける
50		授業に出る
51		授業以外の時間で参考文献を調べて読む
52		同じ授業を受けている人と連絡先を交換しておく（いざという時、役に立つ）
53		レポート課題に取り組み、締め切りまでに提出する
54		試験を受ける
55		進路に関する情報を集める
56		資格取得のための勉強をする
57		就職活動をする

【ネット面】

58		SNS に自宅周辺の写真や学校名、名前や電話番号などの個人情報を出さない
59		ネット上の他者のプライバシーを尊重する
60		対面で言えないことや、誹謗中傷はしない
61		ネット上で知り合う人に対しては、偽りの情報が含まれる可能性を常に覚えておく
62		ID、パスワードの管理を徹底する
63		寝る前少なくとも 1 時間はスマホなどブルーライトから離れる

【対人関係面】		
64		人と会う約束を忘れずにいる
65		遅刻せずに人と会うことができる
66		人と会う時は身だしなみを整える
67		相手と自分の立場を入れ替えてみて、不平等に見える関係は断る
68		周囲の人（友人や家族）があまりに反対する人との付き合いは、反対する理由をきちんと聞いて、冷静に見直してみる
69		お酒の勢いでも脅しでもない安全・安心な状況での合意を得た性的関係にする
70		初めて会った異性とその日のうちに性的な関係を持たず、相手をよく知るまで時間をかける
【医療面】		
71		自分の体調の悪さに早めに気づいて、必要に応じて医療機関にかかる
72		忘れずに薬を飲む
73		次回の通院日を予約し、日時を忘れずに通う
74		何に困っていて何が課題なのかを理解し、診察で伝える
75		必要な場合は119番コールができる

文　献

厚生労働省，健康づくりのための睡眠ガイド 2023（案）．令和 5 年 12 月 21 日．

三島和夫，社会的ジェットラグと睡眠．学術の動向，24（8）：32-39，2019．

中島美鈴，稲田尚子．(2017)．ADHD タイプの大人のための時間管理ワークブック．星和書店．

中島美鈴，稲田尚子，谷川芳江，山下雅子，高口恵美，前田エミ．(2020)．ADHD タイプの大人のための時間管理プログラム：スタッフマニュアル．星和書店．

中島美鈴，前田エミ，高口恵美，谷川芳江，牧野加寿美．(2021)．働く人のための時間管理ワークブック．星和書店．

日本精神神経学会日本語版用語監修，髙橋三郎，大野裕監訳，染矢俊幸，神庭重信，尾崎紀夫，三村將，村井俊哉，中尾智博訳．(2023)．DSM-5-TR 精神疾患の診断・統計マニュアル．医学書院（American Psychiatric Association．(2022)．*Diagnostic and Statistical Manual of Mental Disorders, Fifth Edition, Text Revision*（DSM-5-TR）．)

Ramsay, J. R., & Rostain, A.（2008）．*Cognitive-Behavioral Therapy for Adult ADHD: An Integrative Psychosocial and Medical Approach.* New York and London: Routledge.

Sonuga-Barke E., Bitsakou P., & Thompson, M.（2010）．Beyond the dual pathway model: evidence for the dissociation of timing, inhibitory, and delay-related impairments in attention-deficit/hyperactivity disorder. *Journal of the American Academy of Child & Adolescent Psychiatry*, 49: 345-355.

Sonuga-Barke, E.（2003）．The dual pathway model of AD/HD: An elaboration of neuro-developmental characteristics. *Neuroscience & Biobehavioral Reviews*, 27: 593-604.

内山敏，大西将史，中村和彦，竹林淳和，二宮貴至，鈴木勝昭，辻井正次，森則夫．(2012)．日本における成人期 ADHD の疫学調査：成人期 ADHD の有病率について．子どものこころと脳の発達，3，34-42．

Zelazo, P., Sara, A., Carter, A.S., Reznick, J.S., & Frye, D.（1997）．Early Development of Executive Function: A Problem-Solving Framework. *Review of General Psychology*, 1, 198-226. doi : 10.1037/1089-2680.1.2.198

アプリ「スマホをやめれば魚が育つ」

・iPhone 版　https://apps.apple.com/jp/app/%E6%96%B0%E3%82%B9%E3%83%9E%E3%83%9B%E3%82%92%E3%82%84%E3%82%81%E3%82%8C%E3%81%B0%E9%AD%9A%E3%81%8C%E8%82%B2%E3%81%A4/id1669133971

・Android 版　https://play.google.com/store/apps/details?id=com.riko.suyasaso&hl=ja&gl=US

おわりに

　ここまでお読みになっていかがでしたか？

　本書では繰り返し「なぜうまくいかないか」をいくつかのプロセスに分けて分析したり、原因をリストアップしたりすることから始めてきました。なぜなら、皆さんがまずは自分のことを理解して「そうか、ここでつまずいていたんだ」「自分の努力が足りないのではなくて、努力の仕方を間違えていたんだ」と気づいていただきたかったからです。効果的な努力の仕方として、本書では認知行動療法のテクニックや時間管理のスキルを伝えてきました。世の中に時間管理やタスク管理の本は溢れていますし、きっと皆さんの周りの人も良かれと思って「ちゃんと締め切りを意識したら」とか「忘れないようにメモしなさい」などと助言をしてくれていると思います。今や時代は「タイパ」（タイムパフォーマンス）を重んじる風潮がありますから、時間管理スキルなんて「言われなくても分かってる。知ってる」とうんざりしてきたかもしれません。友人の中には、「スケジュール帳なんて持ってない。なんとかなるって」「そのうち時期がきたら就職活動もできるよ」という楽観的な助言をくれる人もいるかもしれません。それでもなぜか自分だけは「自然に」していてもどうも時間管理ができない、なぜだろう？　と疑問を持ちながら大学生になった人もいるでしょう。そうです。本書では、単に時間管理スキルを知ってはいても使えない人、「周囲が自然に締め切りを守り、苦にする様子もなく人生をうまくやれているのに、なぜか自分だけができない」という人に向けて、まずは自己理解を促し、納得感を持ってもらいながら、効果的な対処策を紹介してきました。中には「これは全然役立たないぞ」という方法もあったかもしれません。役に立つ方法を1つでも見つけてもらえたら嬉しいです。本書を足がかりにして、もっとオリジナルな方法を生み出していってほしいと思います。

　ここまで偉そうに書いてきましたが、著者の私こそ、かつては、本書に

出てくるような時間管理能力0の大学生でした。当時の自分は「なんてだらしないんだ」「根性がない」「ずぼらだ」と自分を責めてはいましたが、同じ失敗を繰り返すばかりでした。大学入学の手続きは書類を放置したため間に合わなかったし、ゼミの日時は忘れてすっぽかすし、余裕のある朝なんて送ったことはありません。ずいぶん痛い目にも遭いながら、試行錯誤を重ねて、今なんとか大人をやれています。たぶん。そして「学生時代にこういうメソッドを知れていたら、よかったのに」という思いで、本書をまとめました。

　本書の出版は、東京大学駒場学生相談所に勤務していた頃からお世話になっている東京大学の渡辺慶一郎先生、若杉美樹先生のお力添えなしでは叶いませんでした。おふたりは日々大学生の支援に尽力されていて、大変お忙しい先生方なのですが、そんな中、「ADHD傾向の学生さんの支援について学びたい」と福岡市の私のところまでお越しになったのです。私は東京大学を退職してからずいぶん時間がたっていましたが、その長い時間はあっという間に埋まるような感覚でした。そのぐらい私たち3人は熱心に大学生のために良いプログラムを作ろうと話し合ったのです。せっかくなら、現役大学生の時間管理の困り感についてデータを取って、それに基づいた良いプログラムを作ろうと決心しました。すぐにメンタルヘルス岡本記念財団から研究助成金をいただいて、多くの大学生に調査しました。その結果、多数の大学生が「先延ばし」の悩みを抱え、「スマホ」で時間を溶かしたり、サークルにバイトにと予定を詰め込みすぎていて身動きが取れなかったりすることも分かりました。本書は、そうした悩みに応える時間管理プログラムです。

　こうしてできた大学生のための時間管理プログラムの書籍化には、14年前に私の1冊目の著者を担当していただきその後も何冊もご一緒させていただいた星和書店の編集者の桜岡さおりさんの存在は欠かせません。桜岡さんには特に『ADHDタイプの大人のための時間管理ワークブック』をご担当いただいたことから、今回の企画も私たちが伝えたい「時間管理」「ADHD」のことを全て理解してくださっている桜岡さんにお願い

し、緻密に、そして素晴らしい本に仕上げてくださいました。また、出版を許可してくださった石澤雄司社長にも心から感謝します。

　こうして多くの人の力を借りて、なんとか本書を皆さんに届けることができました。私たちは本書で皆さんが時間管理スキルを身につけて、きっちり効率的に時間をつける大学生になってほしい、とは実はそんなに望んでいません。時間管理は、皆さんが自分らしく生きるための手段でしかないのです。自分らしい生き方を大切にするために、時間を乗りこなしてください。応援しています。

　　2024 年 3 月

　　　　　　　　　　　　　　　　　　著者を代表して　中島美鈴

索　引

■著者

中島 美鈴 （なかしま　みすず）

中島心理相談所所長。肥前精神医療センター臨床研究部。公認心理師，臨床心理士。2020年九州大学大学院人間環境学府博士後期課程修了。『ADHD タイプの大人のための時間管理ワークブック』（共著，星和書店）など著書多数。

若杉 美樹 （わかすぎ　みき）

東京大学相談支援研究開発センター特任助教。公認心理師，臨床心理士，社会保険労務士。2020年早稲田大学大学院人間科学研究科臨床心理学研究領域修士課程修了。2009年オランダ社会科学大学院（現エラスムス大学ロッテルダム）開発学修士課程修了。著書に『発達障害 Q&A　臨床の疑問に応える 104 問』（共著，医学書院）などがある。

渡辺 慶一郎 （わたなべ　けいいちろう）

東京大学相談支援研究開発センター教授。精神科医。医学博士。1993年信州大学医学部卒業。著書に『大人の発達障害の理解と支援』（編著，金子書房）などがある。

大学生の時間管理ワークブック

ADHD タイプや発達障害グレーゾーンでも大丈夫！

効率重視でやる気が出る失敗しないマネジメント術

2024 年 7 月 11 日　初版第 1 刷発行

著　　者　中島美鈴，若杉美樹，渡辺慶一郎
発 行 者　石澤雄司
発 行 所　株式会社 星 和 書 店
　　　　　〒 168-0074　東京都杉並区上高井戸 1-2-5
　　　　　電話　03（3329）0031（営業部）／ 03（3329）0033（編集部）
　　　　　FAX　03（5374）7186（営業部）／ 03（5374）7185（編集部）
　　　　　http://www.seiwa-pb.co.jp

印刷・製本　中央精版印刷株式会社

ADHDタイプの大人のための
時間管理ワークブック

なぜか「間に合わない」「時間に遅れる」
「約束を忘れる」と悩んでいませんか

中島美鈴，稲田尚子 著

A5判　176p　定価：本体 1,800円＋税

いつも遅刻、片づけられない、仕事が山積みで
パニックになる、と悩んでいませんか。日常に
よくある困った場面別に学べるので、改善が早
い！ひとりでも、グループセラピーでも使用で
きるように構成されています。

ADHDタイプの大人のための
時間管理プログラム：
スタッフマニュアル

中島美鈴，稲田尚子 監修

中島美鈴，稲田尚子，谷川芳江，
山下雅子，高口恵美，前田エミ 著

A5判　144p　定価：本体 2,200円＋税

『ADHD タイプの大人のための時間管理ワーク
ブック』を使ってグループセラピーを実施した
い治療者・スタッフのためのガイドブック。よ
り効果的で，質の高いグループ運営をしたい支
援者のために。

発行：星和書店　http://www.seiwa-pb.co.jp